ट्रेड
एंड
ग्रो रिच

ट्रेड एंड ग्रो रिच

इंद्रजीत शांतराज
किरनकुमार नायक

प्रभात प्रकाशन

इस पुस्तक को इस बोध के साथ विक्रय किया जा रहा है कि लेखक इस पुस्तक के प्रकाशन द्वारा किसी भी तरह की कानूनी, लेखा, अन्य पेशेवर सेवा या सलाह प्रदान नहीं कर रहे हैं। प्रत्येक व्यक्ति की जोखिम लेने की क्षमता और बाजार से उम्मीदें भिन्न होती हैं। यहाँ व्यक्त या निहित सभी विचार, राय, जानकारियाँ, चार्ट या अध्यायों में दिए उदाहरणों का उद्देश्य मात्र जानकारी देना या शिक्षित करना है। इन्हें किसी भी तरह निवेश, ट्रेड या बाजार संबंधी अनुशंसा का आधार नहीं माना जाना चाहिए। इस पुस्तक की विषय-वस्तु के उपयोग से हुए किसी भी प्रत्यक्ष या अप्रत्यक्ष नुकसान या जोखिम का दायित्व लेखकों का नहीं है। तकनीकी आकलन बीते प्रदर्शन का अध्ययन है और बीता प्रदर्शन भावी प्रदर्शन की गारंटी नहीं होता। निवेशकों और ट्रेड करनेवालों को सलाह दी जाती है कि वे किसी भी तरह का निवेश या ट्रेड संबंधी निर्णय लेने से पहले किसी सुयोग्य 'निवेश सलाहकार' की सेवाएँ लें।

प्रकाशक • **प्रभात प्रकाशन प्रा. लि.**
4/19 आसफ अली रोड,
नई दिल्ली-110002

संस्करण • प्रथम, 2026
पेपरबैक मूल्य • तीन सौ पचास रुपए
अनुवाद • नितिन माथुर
मुद्रक • आर-टेक ऑफसेट प्रिंटर्स, दिल्ली

TRADE AND GROW RICH
by Shri Indrazith Shantharaj & Shri Kirankumar Nayak ₹ 350.00 (PB)
(Hindi translation of TRADE AND GROW RICH)
Published by Prabhat Prakashan Pvt. Ltd., 4/19 Asaf Ali Road, New Delhi-2
e-mail: prabhatbooks@gmail.com ISBN 978-93-5521-931-2

यह पुस्तक हमारे
परिवार और गुरुओं की
शुभकामनाओं सहित ट्रेडर्स को समर्पित है।

प्रस्तावना

इस पुस्तक में इंद्रजीत शांतराज और किरनकुमार नायक ने पूर्ण ट्रेडर बनने से संबंधित छोटी-बड़ी सभी आवश्यकताओं के बारे में बताया है।

इसमें ट्रेडिंग के विभिन्न पहलुओं का बिंदुवार वर्णन किया गया है और बताया गया है कि केवल ट्रेडिंग प्रणाली ही महत्त्वपूर्ण नहीं है, व्यक्ति को उतना ही ध्यान अच्छे जोखिम-पुरस्कार, जोखिम प्रबंधन, उचित मनोवृत्ति आदि पर भी देना होगा, तभी वह सफल ट्रेडर बन सकता है। यह पुस्तक स्पष्ट रूप से वे खोए हुए सूत्र प्रदान करती है कि आखिर क्यों अधिकांश ट्रेडर बाजार में पैसे गँवा बैठते हैं और किस तरह व्यक्ति विफल ट्रेडर से सफल ट्रेडर में बदल सकता है?

जैसा कि इस पुस्तक में बताया गया है, विफल ट्रेडर उस बेहतरीन ट्रेडिंग प्रणाली की तलाश में रहते हैं, जो रामबाण साबित हो और उन्हें फर्श से अर्श तक पहुँचा दे; लेकिन वे एक अन्य महत्त्वपूर्ण घटक, अच्छे जोखिम प्रबंधन को पूरी तरह नजरअंदाज कर देते हैं। कोई भी बेहतरीन ट्रेडिंग प्रणाली, जिसमें अच्छा जोखिम प्रबंधन न हो, उससे हमेशा औसत परिणाम ही मिल पाते हैं। वहीं एक औसत ट्रेडिंग प्रणाली, जिसमें शानदार जोखिम प्रबंधन मौजूद हो, से कहीं बेहतर ट्रेडिंग परिणाम मिल सकते हैं।

यदि आप सफल ट्रेडर बनने को लेकर गंभीर हैं और अपनी इस इच्छा के अनुरूप कार्य करने के लिए तैयार हैं तो मुझे विश्वास है कि इस पुस्तक में वह संभावना है, जो इच्छित परिवर्तन ला सकती है।

आपकी सफल ट्रेडिंग की शुभकामना सहित

—सी.ए. रुद्रमूर्ति

प्रबंध निदेशक एवं शोध प्रमुख

वचना इन्वेस्टमेंट्स प्रा.लि.

भूमिका

ट्रेडिंग सहज हो सकती है, लेकिन यह समझने की भूल न करें कि यह आसान है। इंटरनेट पर बहुत से लोग काफी पहले से इससे उलट बात कहते आ रहे हैं। वे आपको विश्वास दिलाना चाहते हैं कि आपने अगर सिर्फ कुछ पृष्ठ पढ़ लिये या किसी ऑनलाइन कक्षा में शामिल हो गए तो आप जादुई ढंग से पल भर में ही सफल ट्रेडर बन जाएँगे। **उनके बहकावे में न आएँ।**

किसी भी अन्य क्षेत्र की तरह इसमें भी कुशलता हासिल करने के लिए आपको शुरुआत से पूर्व ठोस प्रशिक्षण पाना आवश्यक है। बतौर ट्रेडर आपका लक्ष्य किसी भी दूसरे क्षेत्र के पेशेवर से अधिक पैसा कमाना होता है। कई महत्त्वाकांक्षियों को लगता है, उन्हें कुछ सीखने की जरूरत नहीं है। उन्हें लगता है कि वे अपने लिए ट्रेडिंग करने हेतु एक अचूक प्रणाली खरीद सकते हैं, जो उन्हें अमीर बना देगी और वे आराम से सोते रहेंगे, या वे अपने ट्रेडिंग निर्णयों के लिए किसी गुरु की सलाह पर भरोसा करते हैं। वे बाजार के बारे में कुछ भी जाने बिना उनकी अनुशंसाओं का अंधानुकरण करते हैं।

हमें खुशी है कि आप उनसे अलग हैं

आपने यह पुस्तक पढ़ने का फैसला किया, क्योंकि आप सफल ट्रेडर बनने के प्रति गंभीर हैं। और, हम आपको विश्वास दिलाते हैं, आप यहाँ बिलकुल यही सीखेंगे। यह एक संपूर्ण यात्रा है।

चेतावनी : सावधान रहें। शायद सिर्फ इस पुस्तक को पढ़ लेना आपको स्वत: ही सफल ट्रेडर नहीं बना सकेगा। यहाँ आप ट्रेडिंग से संबंधित बहुत से तथ्यों व विचारों को जानेंगे; लेकिन इस पुस्तक से इष्टतम लाभ लेने के लिए और जैसा आप चाहते हैं, वैसा ट्रेडर बनने के लिए आप जिन विचारों को सीखने वाले हैं, उन्हें उसी तरह आत्मसात् करना होगा, जिस तरह आपने पहले जाने हुए विचारों को किया है।

रिचर्ड ब्रैनसन कहते हैं—

"अपनी असफलताओं पर शर्मिंदा न हों। उनसे सीखें और फिर से शुरुआत करें।"

निश्चित ही आपको इस पुस्तक में बहुत से नए विचार प्राप्त होंगे; और हमने इन नए विचारों को बेहद व्यावहारिक ढंग से पेश किया है। आपको इसमें बहुत से उदाहरण और परिदृश्य देखने को मिलेंगे। इस पुस्तक से आप सार रूप में जान सकेंगे कि सफल ट्रेडर बनने की अपनी यात्रा कैसी होनी चाहिए और अंतिम पृष्ठ आने तक आप इसे हासिल कर लेंगे।

याद रखें : "पेड़ लगाने का सबसे अच्छा समय 20 साल पहले था। और दूसरा सबसे अच्छा समय अभी है।"—एक चीनी कहावत

हमारा उद्देश्य : हमारा पूरा प्रयास है कि जहाँ तक आपके ट्रेडिंग लक्ष्यों की बात है, यह पुस्तक आपका धन और समय दोनों की बचत करे। हमें पूरा विश्वास है कि जैसा ट्रेडर आप बनना चाहते हैं, वैसा बनने में और अमीर होने में यह आपकी सहायता करेगी।

खुश रहें!

—इंद्रजीत शांतराज एवं किरनकुमार नायक

स्वीकृति

ऐसे बहुत लोग हैं, जिन्होंने इस पुस्तक और इस कार्य को संभव बनाया है। हम सौभाग्यशाली रहे कि हमें इतने सारे लोगों और परिस्थितियों का साथ मिला। उन सभी ट्रेडर्स, सहकर्मियों, परामर्शदाताओं, लेखकों और मित्रों को स्वीकार करना बहुत हर्ष का विषय है, जिन्होंने 'ट्रेड करें, अमीर बनें' में प्रत्यक्ष या अप्रत्यक्ष रूप से योगदान दिया।

प्रेमपूर्ण परिवार के सदस्यों का प्रोत्साहन और नित्य समर्थन नहीं होता तो इसमें से कुछ भी संभव नहीं हो पाता। हम उन सभी ट्रेडर्स को भी धन्यवाद देते हैं, जिन्होंने अपने ज्ञान को साझा कर हमारा प्रोत्साहन एवं सहयोग किया। हम अपने गुरुओं के भी ऋणी हैं, जिन्होंने हमें अपने जुनून को खोजने तथा अपने अनुभव और शिक्षा का आगे प्रसार करने में मदद की। उन्होंने हमें अपनी सीमा से पार देखने की अनुमति दी।

हम विशेष रूप से उन ट्रेडर्स के शुक्रगुजार हैं, जो इतने उदार रहे कि हमें साक्षात्कार दिया और पाठकों के लाभ हेतु अपनी सफलता के रहस्यों को हमारे साथ साझा किया। ट्रेडिंग और जीवन से जुड़े विभिन्न पहलुओं के अध्ययन में बीते वर्षों में हम विश्व के महान् ट्रेडर्स और लेखकों की ट्रेडिंग संबंधी बुद्धिमत्ता, अंतर्बोध एवं जानकारियों का लाभ मिला।

हम ट्रेडर्स समूह को भी धन्यवाद देते हैं। यह उन्हीं के उचित स्रोत से उचित चीज सीखने की प्रेरणा और उत्सुकता है, जो हमारी प्रेरणा का कारण रही। इनके द्वारा निश्चित ही हमें गहरे मायने में वह उद्देश्य और अर्थ हासिल हुआ, जो इस पुस्तक को दुनिया के सामने पेश करने का कारण बना।

हम 'ट्रेडिंग व्यू' के भी शुक्रगुजार हैं, जिन्होंने हमें अपने चार्ट उपयोग करने की अनुमति दी, जो तकनीकी ट्रेडिंग का अभिन्न अंग हैं।

इसके साथ ही हम अपने संपादकों को भी धन्यवाद देते हैं, जिन्होंने इस संस्करण का संपादन किया, जिससे इसे पढ़ना आसान हो गया।

—इंद्रजीत शांतराज और किरनकुमार नायक

अनुक्रम

अध्याय-1

क्या आप ट्रेडिंग में विफल रहे हैं?

खेल पर ध्यान दें

हम बहुत सी 'शीघ्र अमीर बनें' योजनाओं के बारे में अकसर सुनते रहते हैं। क्या आपको कभी हैरानी हुई कि दुनिया में सचमुच कोई ऐसी चीज मौजूद है, जिससे कोई व्यक्ति रातोरात करोड़पति बन सकता है? यदि हाँ, तो आप ऐसे कितने उदाहरण बता सकते हैं? संभव है कि लॉटरी के टिकट और कैसीनो ने कुछ सौभाग्यशाली लोगों को रातोरात करोड़पति बना दिया हो; लेकिन उन कुछ एक उदाहरणों के अलावा वास्तविक जीवन में हमें ऐसे लोग नहीं मिलते, जो निरंतर काम किए बिना भाग्य के बल पर रातोरात अमीर बन गए हों।

इसी तरह, यदि आप बाजार में थोड़े ही समय में अमीर बनने की मनोवृत्ति के साथ आए हैं तो कृपया ऐसा न करें; यह कतई संभव नहीं है। जी हाँ, हम न तो मजाक कर रहे हैं और न ही डरा रहे हैं—हम सिर्फ तथ्य बता रहे हैं। सिर्फ भाग्य के भरोसे रहने से क्या होगा? भाग्य भी मेहनत करनेवालों का ही साथ देता है। आप जितनी अधिक मेहनत करेंगे, आपका भाग्य उतना ही बढ़ता प्रतीत होगा। जुआरी हमेशा अपने भाग्य पर भरोसा करते हुए जुआ खेलता है, जिसके परिणाम के बारे में न तो पहले से बताया जा सकता है और न ही इसकी कोई गारंटी होती है।

यदि हमारी मनोवृत्ति बाजार में नौसिखिए के भाग्य से शीघ्र लाभ कमाने की है तो शायद हम कुछ एक बार जीत भी जाएँ; लेकिन हम लंबे समय तक सतत लाभ प्राप्त नहीं कर सकेंगे। निश्चित ही, खेल के प्रति हमारी मनोवृत्ति परिणाम की सूचक होती है। आप इस खेल में जीतने के लिए उतर रहे हैं या मात्र रोमांच के लिए? यदि

"पैसा बैठने से बनता है, तिजारत से नहीं।"
—जेसी लिवरमोर

आप यहाँ रोमांच के लिए हैं, तो हमें माफ कीजिए। यहाँ रोमांच के लिए कोई जगह नहीं है। हम आपको इसकी जगह स्कूबा ड्राइविंग करने की सलाह देंगे। यदि आप सट्टा लगाते हैं तो आपको बट्टा लगना तय है। इसलिए विनम्र रहें और सट्टे से बचें।

चलिए, हम दुनिया के एक बेहद सम्माननीय पेशे का उदाहरण लेते हैं। यह वह पेशेवर है, जो लोगों की जान बचाता है—एक डॉक्टर।

बहुत से लोग डॉक्टर बनना चाहते हैं, लेकिन क्या वह बनना आसान है ? वहीं, यदि आप डॉक्टर बन भी जाते हैं तो क्या यह बड़ी सफलता की गारंटी हो सकती है ? या क्या आप सभी जरूरतमंदों की मदद से अपने मिशन को सचमुच पूरा कर सकेंगे ? जाहिर है, नहीं। आपको अपने क्षेत्र में माहिर होना होगा। अपने क्षेत्र में आपके द्वारा अपने लिए बनाई जगह से आपको तथा जरूरतमंद लोगों—दोनों को मदद मिलेगी।

एक व्यक्ति को सर्जन बनने से पहले कम-से-कम सोलह साल की शिक्षा पूर्ण करनी होती है। यदि इस पेशे में कई वर्षों के अभ्यास की आवश्यकता होती है तो क्या आपको सचमुच लगता है कि कुछ ही हफ्तों या महीनों में एक सफल ट्रेडर बना जा सकता है ? पुनः, कतई नहीं ! यह एक प्रगतिशील यात्रा है। बाजार हर रोज हमें कुछ-न-कुछ सिखाता है, और हमें इतना सावधान अवश्य रहना चाहिए कि हम अपनी गलतियों से सीख सकें और उनमें लगातार सुधार करते रहें।

डॉक्टर जिंदगी से नहीं खेल सकता। इसी तरह एक ट्रेडर को बिना उचित दृष्टिकोण के बाजार में नहीं खेलना चाहिए। पैसों के इस खेल को जीतने के लिए खेलें, न कि बरबाद होने के लिए।

अपने आपको जानें और जो चाहें, उसे पाएँ

जैसा कि हम जानते, कि हमारी आकांक्षाएँ ही हमें आगे बढ़ाती हैं। व्यक्ति डॉक्टर या ट्रेडर कुछ भी बनने के बारे में सोच सकता है। अब हम उस आवश्यक दृष्टिकोण और कौशल से भी परिचित हैं, जो आपके चुने हुए क्षेत्र में सफल होने के लिए चाहिए। तो फिर आखिर इतने सारे लोग बाजार में विफल क्यों होते हैं ? क्या बाजार इतने क्रूर है ? या बार-बार अपनी वही गंभीर गलतियाँ दोहराना उनके स्वभाव में है ? विफल लोगों का निकट से अध्ययन करने पर हम पाते हैं कि उनके साथ सबसे पहली और बड़ी समस्या यह है कि उनमें से अधिकांश को पता ही नहीं होता

"अपने पूरे वित्तीय कॅरियर के दौरान मैंने निरंतर ऐसे लोगों के उदाहरण देखे हैं, जो मात्र जोखिम का सम्मान करने में असफल रहने के कारण बरबाद हुए हैं। यदि आप जोखिम का मजबूती से सामना नहीं करेंगे तो यह आप पर हावी हो जाएगा।"—लैरी हाइट

कि वे किस प्रकार के ट्रेडर हैं। अजीब लगता है? विख्यात प्रेरणादायी वक्ता टी. हार्व एकर कहते हैं, "लोग जो चाहते हैं, उसे पाने में उनके विफल रहने का सबसे पहला कारण यह है कि उन्हें पता ही नहीं होता कि उन्हें चाहिए क्या!"

किसी भी क्षेत्र में अत्यधिक पैसा कमाने के लिए कुशलता के उच्चतम स्तर की आवश्यकता होती है। यदि आप किसी क्षेत्र के प्रति केवल धन के कारण आकर्षित हो रहे हैं तो संभवतः आप उस दोहराए जाने योग्य जुनून और कौशल की आवश्यकता को कभी नहीं समझ सकेंगे।

जैसा एक सफल व्यक्ति कर रहा है। यदि अधिक पैसे के साथ आपका बड़ा उद्देश्य (क्यों) जुड़ा है, तो इस बात की अत्यधिक संभावना है कि आप किसी विजेता के स्वभाव की नकल करें और उस जैसे ही बन जाएँ।

इसे उदाहरण द्वारा समझने के लिए स्टीव जॉब्स के जीवन पर नजर डालिए, जिन्होंने 'एप्पल' कंपनी की शुरुआत एक गैरेज से की थी। उनके जीवन का एक और इकलौता उद्देश्य पूरी दुनिया को विश्व-स्तरीय उत्पाद उपलब्ध करवाना था। यह उनका 'बिगर व्हाय' (बड़ा उद्देश्य) था। और जब उन्होंने अपने इस 'बिगर व्हाय' पर काम करना आरंभ किया, वे सफल होने लगे और इसकी एवज में उन्हें बड़ी मात्रा में धन स्वतः ही प्राप्त हुआ।

आपका ट्रेडर बनने का 'बड़ा उद्देश्य' क्या है?

बाजार को कर्मचारी जैसा समझें। बाजार आपको पैसा क्यों दे? आपके भीतर ऐसा कौन सा गुण है या आपने ऐसा क्या विकसित किया है कि आप बाजार से धन पा सकें? अपने प्रति ईमानदार रहें और इस बात को लिख लें।

क्या आपके इन गुणों और आपके बड़े उद्देश्य के बीच कोई संबंध है? यदि नहीं, तो अपने इस गुण की पुनः समीक्षा करें और इसे अपने बड़े उद्देश्य के अनुकूल बनाएँ।

आप हारना चाहते हैं या जीतना? हमारी सलाह है कि आप अपने उद्देश्य को परिभाषित करें, अपने लक्ष्य को परिभाषित करें और उन्हें समावेशित करते हुए उनके अनुसार कार्य करें। जीतने के इस खेल में आपका स्वागत है।

ट्रेड की योजना बनाएँ और कार्यान्वित करें

एक सफल ट्रेडर बनने की अपनी संभावना सिर्फ तभी बढ़ सकती है, जब आप विफल ट्रेडर की तरह व्यवहार करना बंद कर देते हैं। वे अकसर क्या करते हैं? वे

"नुकसान को जारी रखना अधिकांश निवेशकों द्वारा की जानेवाली सबसे गंभीर गलती है।"
—विलियम ओ'नील

बस, भीड़ के पीछे चल देते हैं—बिना इस स्पष्टता के कि किसे ट्रेड करना है, किसे ट्रेड नहीं करना है; कब ट्रेड करना है और कब ट्रेड नहीं करना है।

चलिए, एक उदाहरण द्वारा समझते हैं कि ट्रेडिंग प्लान (कारोबारी योजना) होना क्यों आवश्यक है? मान लीजिए, आप किसी एक शहर (बंगलुरु) से दूसरे शहर (दिल्ली) जाना चाहते हैं। सबसे पहले आपको यह समझना होगा कि आप दिल्ली जाना चाहते हैं। तब आपको मौजूदा हालात में शीघ्रता व किफायत के आधार पर योजना बनानी होती है। इसी तरह, ट्रेडिंग से पहले व्यक्ति को अपने व्यक्तित्व और उद्देश्य के आधार पर योजना बनानी होती है। स्पष्ट रूप से लिखा हुआ ट्रेडिंग प्लान महत्त्वपूर्ण भूमिका निभाता है और आपको सफल एक ट्रेडर बनने में मदद करता है।

कुछ लोग कहेंगे कि वे ऑपरेटर स्टॉक में ट्रेड करते हैं। यह ट्रेड खबरों आदि पर आधारित होता है। वहीं कुछ नौसिखिया ट्रेडर्स के सामने सवाल खड़ा हो जाता है कि यह उनके ट्रेडिंग प्लान के लिए समुचित या उपयुक्त है या नहीं। जरा उन लोगों को प्राप्त परिणामों को देखिए, जिन्होंने ऑपरेटर स्टॉक और खबरों पर आधारित सौदों का अंधानुकरण किया है और उत्तर स्पष्ट हो जाएगा।

चलिए, एक खबर-आधारित ट्रेडर का उदाहरण लेते हैं। संभव है कि खबर सकारात्मक हो, लेकिन भाव नकारात्मक व्यवहार करें और इसका उलटा भी हो सकता है। खबरों से संबंधित भावों का यह अनियमित व्यवहार ट्रेडर के लिए अत्यधिक भ्रम का कारण बन सकता है, जिससे उसे अंततः बड़ा नुकसान हो सकता है। यदि सौभाग्यवश, कुछ अवसरों पर कोई खबरों का अनुसरण कर थोड़ा पैसा बना भी ले तो भी इससे सतत लाभ को सुनिश्चित नहीं किया जा सकता है।

ट्रेडर बनने के स्पष्ट उद्देश्य के बाद अगला कदम एक स्पष्ट लिखित योजना होना है। बतौर ट्रेडर, हमारी सलाह है कि आप ट्रेडिंग की किसी एक पद्धति या किसी एक प्रकार की ट्रेडिंग में महारत हासिल करें, बजाय इसके कि हरफनमौला, हरफन-अधूरा बनें। आपके ट्रेडिंग प्लान में क्या करना है और क्या नहीं करना है, ये दोनों शामिल रहने चाहिए।

तेजी से धन कमाने की लालसा में जोखिम को न भूलें

यदि दाँव नहीं लगाएँगे तो जीतेंगे भी नहीं। और यदि सबकुछ हार गए तो दाँव

"मेरा कॉटन का सौदा बस, होने ही वाला था, तभी एक ऐसा बिंदु आया कि मैंने कहा, 'मूर्ख महोदय, एक ही सौदे में सबकुछ दाँव पर क्यों लगा रहे हो? अपनी जिंदगी को दुःखद की जगह सुखद बनाने के लिए काम करो।' "—पॉल टुडोर जोंस

नहीं लगा सकेंगे।—**लैरी हाइट**

यहाँ हम श्री प्रमोद की कहानी बताते हैं कि जब उन्होंने खबरों पर आधारित ट्रेड किया तो इसका उनके पोर्टफोलियो पर क्या असर पड़ा? भारतीय बाजारों में मार्च 2014 के आसपास जब तेजी का दौर आरंभ हुआ तो उनके दोस्त उन्हें अपनी सफलता की कहानियाँ सुनाने लगे। उन्होंने प्रमोद को बाजार में अपना भाग्य आजमाने के लिए राजी कर लिया। अत: उन्होंने अपनी 2,00,000 रुपयों की बचत निकाली और ट्रेड करने का फैसला किया।

उन्होंने बाजार से संबंधित लेख पढ़ने आरंभ किए और वित्तीय खबरों से जुड़े चैनल देखने लगे। उनमें से किसी चैनल पर एक विख्यात ट्रेडर किसी शेयर के बारे में बता रहा था कि कैसे वह शेयर पाँच गुना रिटर्न दे सकता है, क्योंकि वह रियायती भाव पर मिल रहा है और बाजार में हर कहीं तेजी का दौर जारी है। इसलिए श्री प्रमोद ने उसमें ट्रेड करते हुए उस कंपनी के 2,00,000 रुपए के शेयर खरीद लिये। अगले दिन कंपनी के भाव 5 प्रतिशत बढ़ गए और उनका बढ़ना कुछ और दिनों तक जारी रहा।

अंत में, श्री प्रमोद ने अपने सारे शेयर 25,000 रुपए के मुनाफे पर बेच दिए। जिस दिन उन्होंने अपने सारे शेयर बेचे, वे बेहद खुश थे। उन्हें लगा कि शेयर बाजार से पैसा कमाना तो बहुत आसान है। उन्होंने अपने दोस्तों को अपनी सफलता की कहानी सुनाने और पार्टी देने में 10,000 रुपए खर्च कर डाले। उनके सभी दोस्तों ने उन्हें मुबारकबाद दी और इसे जारी रखने की सलाह दी।

अगले दिन प्रमोद ने अपनी सारी जमा-पूँजी को अपने ट्रेडिंग अकाउंट में जमा करवाया और थोड़े समय में बड़ा मुनाफा कमाने की आशा में उस सारी पूँजी को ट्रेड में लगा दिया। अगले कुछ दिनों में उन्होंने ट्रेड में थोड़ा पैसा कमाया और थोड़ा पैसा गँवाया। एक दिन उन्हें उसी खबरिया स्रोत से एक और सलाह मिली और उन्होंने अपनी 10,00,000 रुपए की संपूर्ण ट्रेडिंग पूँजी उसी सौदे में लगा दी।

दुर्भाग्यवश, इस बार भाग्य ने उनका साथ नहीं दिया। वह शेयर गिर गया। वे बेबस थे, क्योंकि उन्हें नहीं पता था कि अब क्या करना चाहिए। उन्होंने एक ही हफ्ते के भीतर अपने सारे शेयर बेच दिए। उन्हें 3,00,000 रुपए का नुकसान हुआ। इस बार उन्होंने अपने अनुभव को दोस्तों के साथ साझा नहीं किया। उन्होंने इसे अपने

"अच्छी ट्रेडिंग के तत्त्व हैं—(1) कम नुकसान, (2) कम नुकसान और (3) कम नुकसान। यदि आप इन तीन नियमों का पालन करते हैं तो कोई आशा रख सकते हैं।"

—एड सेकोटा

तक ही सीमित रखा, यह कहते हुए कि हार और जीत खेल का हिस्सा है। उन्होंने इसे एक चुनौती के रूप में लिया और अपने नुकसान को पूरा करने के लिए फिर से ट्रेडिंग करने का फैसला किया।

कुछ ही दिनों बाद एक विख्यात ट्रेडर ने किसी खबरिया चैनल पर एक शेयर के बारे में बताया कि किस तरह अगले बजट से इस कंपनी को और अधिक प्रोजेक्ट हासिल करने में मदद मिलेगी, जिससे अप्रत्यक्ष रूप से कंपनी की आय बढ़ जाएगी। प्रमोद ने एक बार फिर अपना भाग्य आजमाने का फैसला किया और उस कंपनी के 7,00,000 रुपए मूल्य के शेयर खरीद लिये। शुरुआत में उनमें कुछ बढ़त दिखाई दी, लेकिन कुछ ही समय बाद वे नीचे की ओर ट्रेड करने लगे। थोड़े ही दिनों में भाव 20 प्रतिशत तक नीचे आ गए, जिससे प्रमोद को 2,00,000 रुपए से अधिक का नुकसान हुआ।

इस पूरी प्रक्रिया में, जहाँ समुचित ज्ञान का अभाव और शीघ्रतापूर्वक धन कमाने की लालसा थी, प्रमोद की बचत में से 50 प्रतिशत से अधिक धन साफ हो गया। यह कहानी अधिकांश रिटेल (खुदरा) ट्रेडर्स पर खरी उतरती है।

सर्जरी के दौरान यदि सर्जन ने आवश्यक सावधानी नहीं बरती तो इसकी कीमत किसी की जान हो सकती है। इसी तरह, ट्रेडर्स के लिए इसका परिणाम पूरी पूँजी गँवा देना हो सकता है। अत: हमारा अनुरोध है कि आप शीघ्र धन कमाने की प्रक्रिया के इस जोखिम को अच्छी तरह समझ लें।

रोमांच बन सकता है मौत का कारण; अनुशासन में रहें

क्या आपने कुछ मूर्खों या नई उम्र के सुपर युवाओं को हाई-सीसी बाइक चलाते देखा है? आमतौर पर उनमें से कुछ उस जगह के नियमों या परिवेश की कोई परवाह नहीं करते, जहाँ वे बाइक चला रहे होते हैं। वे बस, अधिकतम गति से ड्राइव करते रहते हैं। भले ही वे बाइक के करतब दिखाने में कुशल हों, लेकिन वे इस बात का पूर्वानुमान नहीं लगा सकते कि उनके लिए कब, किस दिशा से कौन सी बाधा आ सकती है। उनके लिए यह पूरी प्रक्रिया रोमांचक होती है। मात्र एक दुर्घटना पल भर में उनकी जीवनलीला समाप्त कर सकती है।

इसी तरह, अधिकांश विफल ट्रेडर बिना समुचित अनुशासन के लगातार ट्रेडिंग कर शीघ्र धन-प्राप्ति का प्रयास करते हैं। कुछ त्वरित सफलताओं सहित बड़े मुनाफे

"कभी भी धन को कमाने से पहले उसे खर्च न करें।"
—थॉमस जेफरसन

उनके लिए इतने लाभदायक होते हैं कि वे गलत प्रक्रिया में फँस जाते हैं। इसका अंतिम परिणाम ट्रेडिंग पूँजी की हानि हो सकता है। तब वे उदास हो जाते हैं, क्योंकि उनके पास ट्रेड करने के लिए ट्रेडिंग पूँजी नहीं होती। विडंबना यह है कि तब तक का उनका आकलन बिलकुल सही गया होता है। इससे उनकी भावनाएँ प्रभावित होती हैं और वे बाजार में खुद को अकेला महसूस करने लगते हैं।

ऐसे हालात से उबरने में ट्रेडिंग जर्नल काफी मददगार साबित हो सकते हैं। बहुत से असफल व्यक्ति इन ट्रेडिंग जर्नलों को पोस्टमार्टम रिपोर्टों के रूप में देखते हैं। लेकिन यदि आप किसी ऐसे ट्रेडर से बात करें, जो सफल है, तो निश्चित ही वह इस बात का समर्थन करेगा कि ट्रेडर की सफलता के लिए ट्रेडिंग जर्नल अहम हैं। ट्रेडिंग जर्नल में व्यक्ति अपने सौदों से संबंधित सभी भौतिक गतिविधियाँ दर्ज करता है, जिनमें उसके सौदा करने से पहले और इसके दौरान तथा उसकी पूर्व लिखित ट्रेडिंग योजना—दोनों शामिल होती हैं। व्यक्ति को सौदा करने से पहले एवं उस दौरान तथा उससे निकास के वक्त की भावनाओं को लिख लेना चाहिए। भौतिक गतिविधियों और भावात्मक संतुलन के बीच का यह एकीकरण बतौर ट्रेडर आपकी यात्रा में अनुशासन को शामिल करनेवाला कदम है।

हमारी प्रवृत्ति अपने ट्रेडिंग प्लान से विचलित होने की होती है। शुरुआत में यह विचलन (डायवर्जन) दर बहुत अधिक होती है। ट्रेडिंग जर्नल की आवधिक समीक्षा करना अपनी गलतियों को पहचानने और भविष्य में उनसे बचने के लिए आवश्यक होता है। ट्रेडिंग जर्नल की समीक्षा के पीछे का मूल विचार ट्रेडिंग योजना और उसके विचलन के बीच के अंतर को जितना संभव हो, उतना कम करना है। इसलिए हमारा अनुरोध है कि आप अपने ट्रेडिंग जर्नल का नवीनीकरण करते रहने को अपनी आदत बना लें।

अपने ट्रेडिंग जर्नल के लेखन, समीक्षा और नवीनीकरण की गतिविधियाँ उबाऊ हो सकती हैं। फिर भी, हमारी सलाह है कि इस आदत को हमेशा बनाए रखें। याद रखिए, शीघ्र मुनाफे के रोमांच को इतना बुरा नहीं बना लेना चाहिए कि यह आपकी ट्रेडिंग पूँजी को ही समाप्त कर दे।

□

"सच कहूँ तो मुझे बाजार दिखाई नहीं देते; सिर्फ जोखिम, पुरस्कार और पैसा दिखते हैं।"

—लैरी हाइट

अध्याय-2

मूल तत्त्व जानें

फन-डा-मेंटल या टेक-निक-अंकल

हमारा एक दोस्त कारों के पीछे पागल है। वह विभिन्न कार उत्पादकों, हॉर्सपॉवर, इंजन स्पीड, टैंक क्षमता, गति, गति वर्धन, ईंधन दक्षता आदि के बारे में डाटा एकत्रित करता रहता है। एक दिन हम उसके लिए कार खरीदने निकले। उसने कार से संबंधित अपने मूलभूत ज्ञान के आधार पर विक्रय कर्मचारी से सभी तरह की जानकारियाँ प्राप्त कर लीं। वह इस बात से खुश लगता था कि उसे एजेंट से भी ज्यादा जानकारी है। लेकिन अंत में, वह सौदा इतना उत्साहवर्धक नहीं रहा कि मेरा दोस्त उस कार को खरीदने का फैसला कर सके। इस मूल जानकारी का उसे क्या लाभ हुआ, जब वह कीमत के कारण सौदा ही नहीं कर सका?

इसी तरह, जब बात बाजार विश्लेषण की आती है तो दो प्रकार के विचार प्रमुख हैं—एक, **फंडामेंटल एनालिसिस** (बुनियादी विश्लेषण) और दूसरा, **टेक्निकल एनालिसिस** (तकनीकी विश्लेषण)। बुनियादी विश्लेषकों का अधिक जोर कंपनी के प्रबंधन, विभिन्न उत्पादों, विक्रय, आय-कीमत अनुपात, बैलेंस शीट, नकदी प्रवाह, ऋण-इक्विटी अनुपात, प्रतिस्पर्धा आदि पर रहता है। मोटे तौर पर, वे कंपनी विश्लेषण में गुणवत्ता के साथ ही मात्रात्मक पहलुओं पर भी केंद्रित रहते हैं। वहीं, तकनीकी विश्लेषक अपने अध्ययन में सिर्फ बीते समय के भाव व्यवहार का ही विश्लेषण करते हैं।

अब, हम अपने दोस्त के मामले को देखते हैं, जिसने न खरीदने का फैसला इसलिए किया, क्योंकि उसे कीमत ठीक नहीं लगी। वहाँ उसकी बुनियादी जानकारी

"धन कमाने पर केंद्रित न हों; जो आपके पास है, उसे बचाए रखने पर केंद्रित रहें।"
—पॉल टुडोर जोंस

उसके लिए उपयोगी नहीं रही। तकनीकी विश्लेषक सबसे अधिक प्राथमिकता भाव विश्लेषण को देते हैं और उनका दृढ़ विश्वास है कि भाव में छूट ही संपूर्ण बुनियादी जानकारी है। सामान्य खुदरा में ट्रेडर्स के पास, इंटरनेट की बदौलत, कंपनी की सारी बुनियादी जानकारियाँ होती हैं। फिर भी, उनके पास पर्याप्त जानकारी या उस जानकारी को भाव में बदलने का कोई साधन नहीं होता। और अंत में, क्रेता या विक्रेता के तौर पर हमें भाव के आधार पर ही सौदा करना होता है। वहीं बुनियादी डाटा के विश्लेषण में तुलनात्मक रूप से समय अधिक लगता है तथा इसकी प्रक्रिया भी जटिल है।

भाव विश्लेषण किसी भी व्यापार योग्य साधन पर लागू हो सकता है और विभिन्न संपत्ति वर्गों में यह लगभग एक जैसा होता है। वहीं बुनियादी विश्लेषण में, विश्लेषण जटिलता में संपत्ति वर्गों तथा सूचना स्रोतों की विश्वसनीयता के आधार पर भिन्नता हो सकती है। हम सभी जानते हैं, 'जैसे आँकड़े, वैसा नतीजा।' यदि बुनियादी विश्लेषण के लिए हमारे पास प्रामाणिक जानकारी नहीं होगी तो इसका अंतिम परिणाम अनर्थकारी हो सकता है। प्रामाणिक भाव जानकारी आसानी से उपलब्ध है, जो एक्सचेंज और ट्रेडिंग टर्मिनल—दोनों से मिल सकती है। इन हालात में व्यक्ति गलती को आसानी से पहचान सकता है, और इसका कारण इनपुट नहीं, बल्कि प्रक्रिया विचलन होता है।

बुनियादी विश्लेषक समुदाय के प्रति पूरा सम्मान होने पर भी हमें तकनीकी विश्लेषण अधिक मजेदार लगता है, जिसमें मानसिक विश्लेषण क्षमता की काफी कम आवश्यकता होती है। यह विचार-प्रक्रिया हमें बाजार में तकनीकी विश्लेषण के लिए उपयुक्त स्थान खोजने में मदद करती है तथा इस पुस्तक में आगामी चर्चा तकनीकी विश्लेषण के आधार पर ही होगी।

चार्ट कर सकते हैं संपूर्ण खुलासा

चार्ट, स्क्रिप्ट (या प्रतिभूतियों) की भाव संबंधी सूचनाओं को ग्राफ के रूप में दरशाते हैं। इसमें लंबवत् अक्षांश भाव का प्रतिनिधित्व करता है तो आड़ा अक्षांश समय को दरशाता है। अकसर इन चार्टों में वॉल्यूम (मात्रा) भी शामिल होती है। चार्ट निरीक्षण तकनीकी विश्लेषण का बुनियादी रूप है। यह तकनीकी विश्लेषक कोएंट्री (प्रवेश) एवं एक्जिट (निकास) और स्टॉप कहाँ लगाना है, जिससे जोखिम कम-से-कम रहे (स्टॉप लॉस), का फैसला करने में मदद करते हैं। इसके साथ ही

"आमतौर पर पैसे को आकर्षित किया जाता है, न कि इसका पीछा।"
—जिम रॉन

चार्ट संक्षेप में किसी खास अवधि के तत्कालीन भावों और वॉल्यूम संबंधी जानकारी भी प्रदान करते हैं, जिसका उपयोग बुनियादी विश्लेषक भी बाजार के रुझान तथा विशिष्ट घटनाओं के प्रति इसकी प्रतिक्रिया के अध्ययन में करते हैं।

ट्रेडर और निवेशक अपनी इच्छित सूचनाओं के आधार पर मुख्यत: तीन तरह के चार्ट उपयोग करते हैं—

1. लाइन चार्ट
2. बार चार्ट
3. कैंडलस्टिक चार्ट।

इन सभी में हम समयावधि भी चुन सकते हैं। यदि आप दैनिक बार चार्ट को चुनते हैं तो प्रत्येक लंबवत् बार एक दिन को दरशाता है। इसी तरह, व्यक्ति दीर्घावधिक चार्टों को देखते समय समयावधि को साप्ताहिक या मासिक में भी बदल सकता है।

लाइन चार्ट

यह सबसे सरल चार्ट प्रारूप है, जिसमें केवल तय समयावधि के बंद भावों को दरशाया जाता है। इस रेखा (लाइन) का निर्माण चयनित समयावधि में प्रत्येक काल के बंद भाव को जोड़कर होता है। इस चार्ट में उस समयावधि के भाव खुलने, उच्चतम और न्यूनतम को नहीं दरशाया जाता। आमतौर पर इस चार्ट का उपयोग निवेशक रुख को जानने के लिए करते हैं।

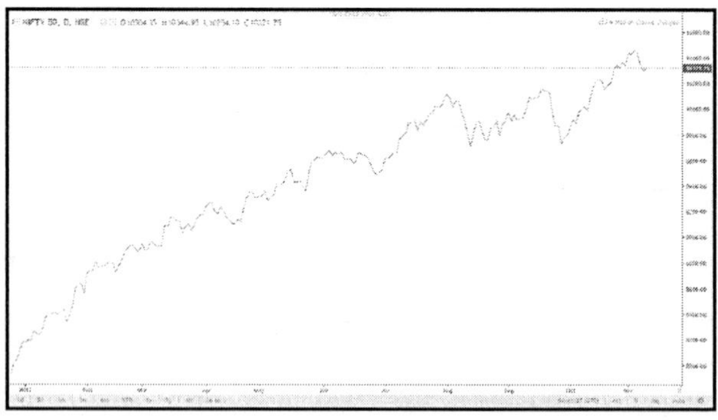

चित्र 2.1—निफ्टी का लाइन चार्ट (ट्रेडिंग व्यू)

"नुकसान झेलना सीखें। पैसा कमाने में सबसे अहम बात नुकसान को हाथ से बाहर जाने से रोकना है।" —मार्टी श्वार्ट्ज

बार चार्ट

यह चार्ट लंबवत् रेखाओं की शृंखला से बना होता है, जो निश्चित अवधि के दौरान भावों में उतार-चढ़ाव को दरशाता है। इस रेखा के दोनों ओर वाले आड़े डैश चिह्न खुले व बंद भाव दरशाते हैं।

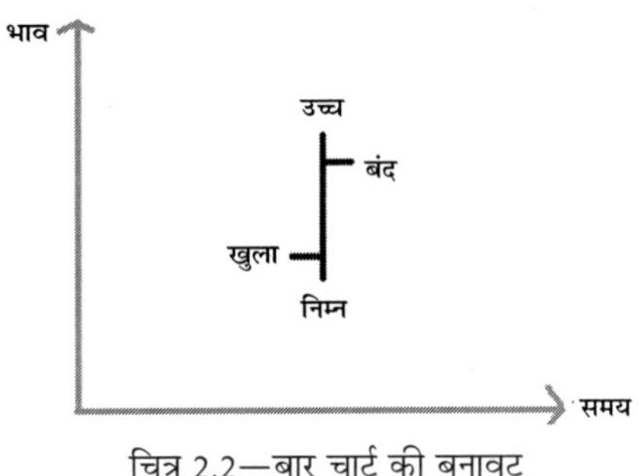

चित्र 2.2—बार चार्ट की बनावट

बाईं ओर का आड़ा डैश-चिह्न खुलने का भाव और दाईं ओर वाला आड़ा डैश चिह्न बंद भाव दरशाता है। आमतौर पर, संपूर्ण बार का रंग स्थिर रहता है। हालाँकि कुछ सॉफ्टवेयरों में खुलने के भाव से बंद भाव अधिक होने पर बार को काले या हरे रंग का और जब खुलने के भाव से बंद भाव कम हो, तब बार को लाल रंग का दिखाया जाता है।

चित्र 2.3—निफ्टी बार चार्ट (ट्रेडिंग व्यू)

"एक सफल ट्रेडर का लक्ष्य बेहतरीन ट्रेड होना चाहिए। पैसा गौण है।"
—अलेक्जेंडर एल्डर

कैंडलस्टिक चार्ट

कैंडलस्टिक चार्ट का आविष्कार जापान में 300 साल से भी पहले हुआ था। यह ट्रेडर्स और निवेशकों के बीच सबसे लोकप्रिय चार्ट पैटर्न है।

इस चार्ट में खुलने का भाव, बंद भाव, उच्च भाव और निम्न भाव संबंधी डाटा को कैंडल (मोमबत्ती) रूप में दरशाया जाता है। इसे कैंडलस्टिक चार्ट कहते हैं। बार और कैंडलस्टिक चार्ट दोनों में एक जैसा डाटा उपलब्ध रहता है। हालाँकि कैंडलस्टिक चार्ट को पढ़ना आसान होता है और यह देखने में अधिक आकर्षक होता है।

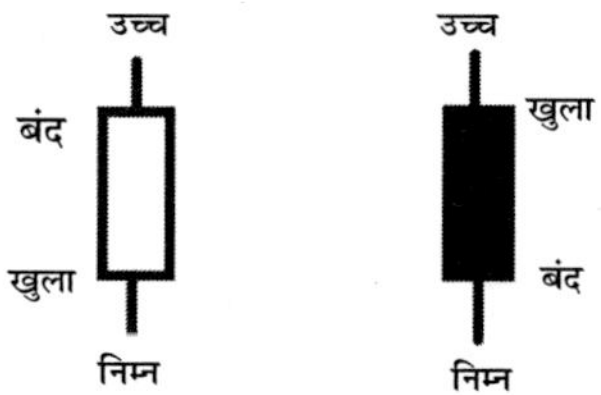

चित्र 2.4a कैंडलस्टिक चार्ट की बनावट

गिरावट की अवधि (जब खुलने के भाव से बंद भाव कम हो) को रंग भरी कैंडलस्टिक आकृति द्वारा दरशाया जाता है तो चढ़ने की अवधि (जब खुलने के भाव से बंद भाव अधिक हो) को रंगहीन कैंडलस्टिक आकृति द्वारा दरशाया जाता है।

अकसर तेजी के रुखवाली कैंडलस्टिक को हरी आकृति में, जबकि मंदी के रुख वाली कैंडलस्टिक को लाल आकृति में भी दरशाया जाता है।

चित्र 2.4b—निफ्टी कैंडलस्टिक चार्ट (ट्रेडिंग व्यू)

"मुझे अपनी प्राथमिकताएँ न बताएँ। ये बताएँ कि आपने पैसे कहाँ खर्च किए हैं? और मैं बता दूँगा कि ये क्या हैं?"

—जेम्स डब्ल्यू. फ्रिक

दैनिक कैंडलस्टिक चार्ट में एक कैंडल एक दिन को दरशाती है। इसी तरह आप इसी कैंडलस्टिक की समयावधि सेटिंग्स में बदलाव कर इसे और छोटी समयावधि (घंटे, 30 मिनट आदि) में भी देख सकते हैं।

मुझे डाऊ से प्यार कैसे हुआ

चार्ल्स डाऊ ने वर्ष 1900 से लेकर अपनी मृत्यु तक 'वॉल स्ट्रीट' जर्नल में संपादकीय श्रृंखला का लेखन किया। डाऊ के अनुसार, बाजार से संबंधित—अतीत, वर्तमान और बल्कि भविष्य से जुड़ी सभी जानकारियाँ इन चार्टों में प्रतिबिंबित होती हैं।

बहुत से ट्रेटर्स ने उनके संपादकीय के इस सिद्धांत को विभिन्न रूपों में पेश किया है। हालाँकि हम इसे सबसे आसान रूप में पेश कर रहे हैं। डाऊ के अनुसार, बाजार की गतिविधियों को 3 प्रकारों में विभाजित किया जा सकता है—

1. अप ट्रेंड
2. डाउन ट्रेंड
3. साइडवेज ट्रेंड।

अप ट्रेंड

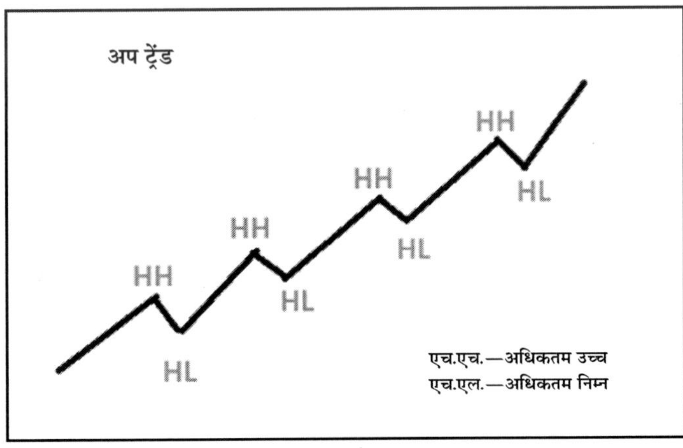

चित्र 2.5—डाऊ सिद्धांत के अनुसार अप ट्रेंड

"साख बनाने में बीस साल लग जाते हैं और नष्ट करने में 5 मिनट। यदि आप इसे ध्यान रखेंगे तो चीजों को अलग तरह से करेंगे।"

—वॉरेन बफे

अप ट्रेंड में अधिकतम उच्च (एच.एल.) और अधिकतम निम्न (एच.एच.) की शृंखला होती है, जैसा नीचे चित्र में दिखाया गया है। हम भाव को 'अप ट्रेंड' कह सकते हैं, जब तक वह लगातार एच.एल. से एच.एच. तक गति करता रहे।

चित्र 2.6—अप ट्रेंड दरशाता मारुति का दैनिक चार्ट (ट्रेडिंग व्यू)

डाउन ट्रेंड

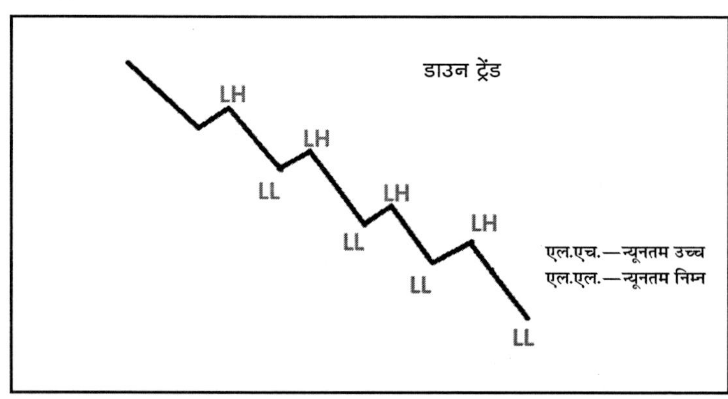

चित्र 2.7—डाऊ सिद्धांत के अनुसार डाउन ट्रेंड

डाउन ट्रेंड में न्यूनतम उच्च (एल.एच.) और न्यूनतम निम्न (एल.एल.) की शृंखला होती है, जैसा नीचे चित्र में दिखाया गया है। हम भाव को 'डाउन ट्रेंड' कह सकते हैं, जब तक वह लगातार एल.एल. से एल.एच. तक गति करता रहे।

"निवेश में जो सहज है, उसमें मुनाफा शायद हो।"
—रॉबर्ट अरनॉट

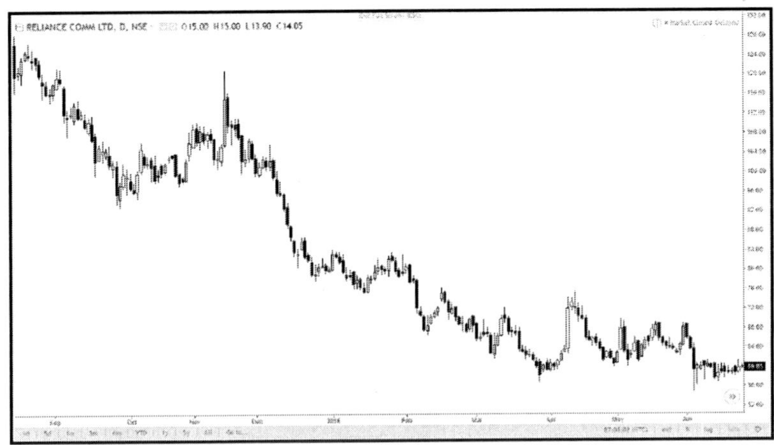

चित्र 2.8—डाउन ट्रेंड दरशाता आरकॉम का दैनिक चार्ट (ट्रेडिंग व्यू)

साइडवेज

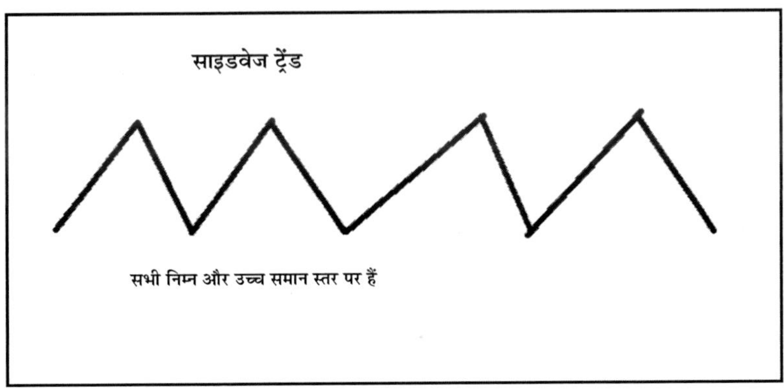

चित्र 2.9—डाऊ सिद्धांत के अनुसार साइडवेज ट्रेंड

जब भाव एक जैसे निम्न और उच्च पर गति करें तो इसे साइडवेज ट्रेंड के तौर पर जाना जाता है।

"पैसा मालिक बहुत बुरा है, लेकिन नौकर बेहद अच्छा है।"
—पी.टी. बार्नम

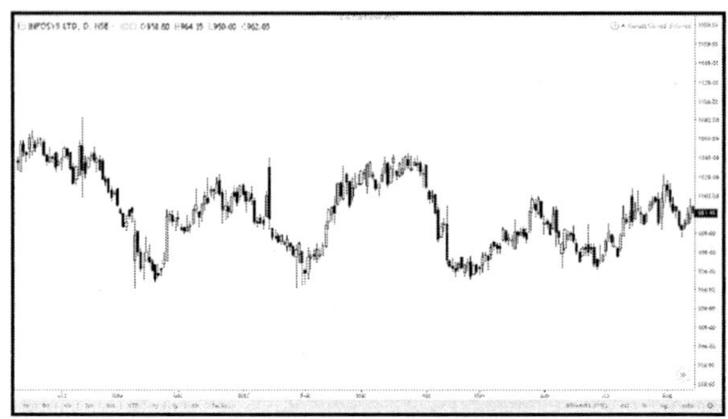

चित्र 2.10—साइडवेज ट्रेंड दरशाता इन्फोसिस का दैनिक चार्ट (ट्रेडिंग व्यू)

ट्रेंड में बदलाव को कैसे पहचानें

शेयर बाजार में अधिक पैसा कमाने के लिए आपको अप ट्रेंड की शुरुआत के समय प्रवेश करना चाहिए और डाउन ट्रेंड शुरू होते ही निकल जाना चाहिए। हालाँकि अप ट्रेंड की शुरुआत और डाउन ट्रेंड की शुरुआत को पहचानना हमेशा से चुनौतीपूर्ण कार्य रहा है। डाऊ सिद्धांत से हमें बाजार के इस मोड़ को पहचानने में मदद मिलती है।

डाउन ट्रेंड का समापन

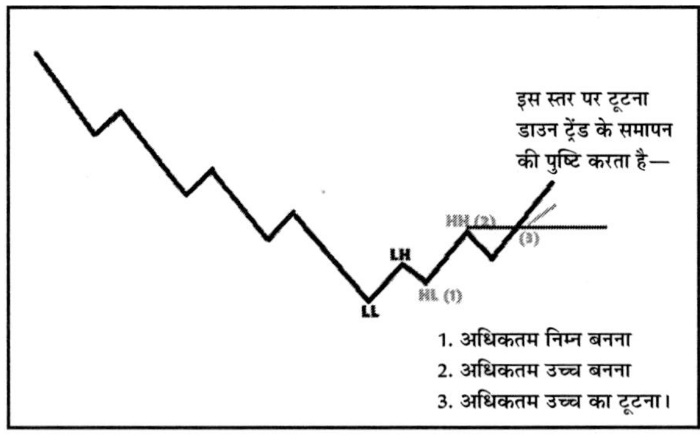

चित्र 2.11—डाउन ट्रेंड का समापन (या अप ट्रेंड का आरंभ)

"मैं हमेशा पैसा बनाने की जगह पैसा गँवाने के बारे में सोचता रहता हूँ। पैसा कमाने पर ध्यान केंद्रित न करें, बल्कि आपके पास जो है, उसे बचाने पर केंद्रित रहें।"

—पॉल टुडोर जोंस

जैसा कि उपर्युक्त चित्र में दिखाया गया है कि पहले भाव न्यूनतम निम्न (एल. एल.) और न्यूनतम उच्च (एल.एच.) पर रुके और उनकी जगह अधिकतम निम्न (एच.एल.) का निर्माण किया। अगले उच्च पर टूटना डाउन ट्रेंड की समाप्ति का और नए अप ट्रेंड की शुरुआत का सूचक है।

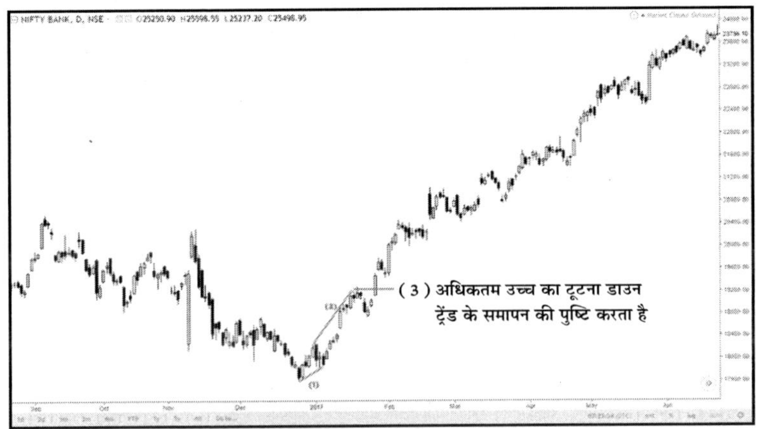

चित्र 2.12—बैंक निफ्टी में डाउन ट्रेंड का समापन (ट्रेडिंगव्यू)

चित्र 2.13—टाटा मोटर्स में डाउन ट्रेंड का समापन (ट्रेडिंगव्यू)

"यदि आप नुकसान को व्यक्तिगत बनाने लगे, तो आप ट्रेड नहीं कर सकेंगे।"
—ब्रूस कोवनर

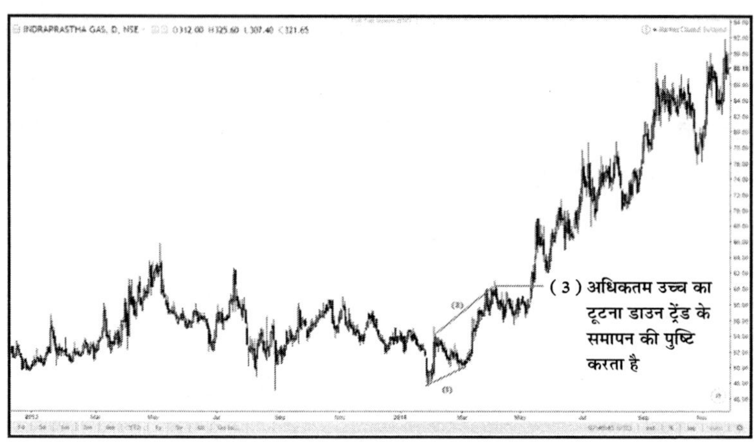

चित्र 2.14—आई.जी.एल. में डाउन ट्रेंड का समापन (ट्रेडिंग व्यू)

चित्र 2.15—बजाज ऑटो में डाउन ट्रेंड का समापन (ट्रेडिंग व्यू)

"एक और सबक जो मैंने बहुत पहले सीख लिया था कि 'वॉल स्ट्रीट' में कुछ नया नहीं है। ऐसा हो ही नहीं सकता, क्योंकि सट्टेबाजी उतनी पुरानी है जितने..."

—जैसी लिवरमोर

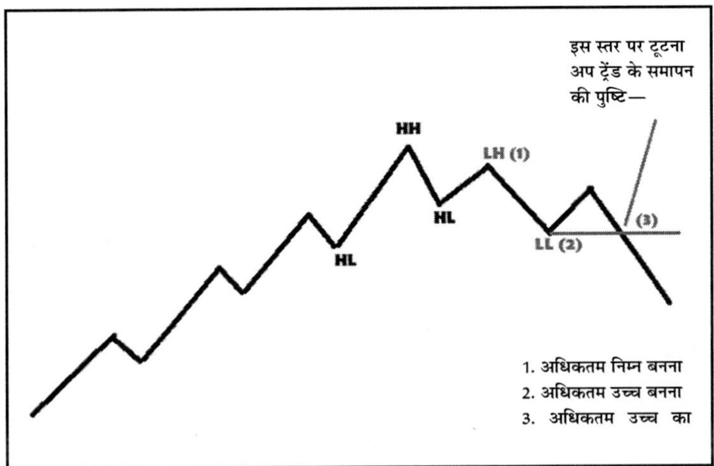

चित्र 2. 16—अप ट्रेंड का समापन

जैसा कि उपर्युक्त चित्र में दिखाया गया है कि पहले भाव अधिकतम निम्न (एच.एल.) और अधिकतम उच्च (एच.एच.) पर रुके और उनकी जगह न्यूनतम उच्च (एल.एच.) का निर्माण किया। अगले निम्न पर टूटना अप ट्रेंड की समाप्ति का और नए डाउन ट्रेंड की शुरुआत का सूचक है।

चित्र 2. 17—निफ्टी में अप ट्रेंड का समापन (ट्रेडिंग व्यू)

"मात्र इच्छा और संकल्प ऐसी किसी चीज का विकल्प नहीं हो सकते, जो वास्तव में कार्य करती हो।"
—जैसन क्लाट

चित्र 2.18—बैंक निफ्टी में अप ट्रेंड का समापन (ट्रेडिंग व्यू)

चित्र 2.19—पी.एन.बी. में अप ट्रेंड का समापन (ट्रेडिंग व्यू)

"आपको अपने पैसों पर नियंत्रण बनाना ही होगा, अन्यथा इसकी कमी हमेशा आपको नियंत्रित किए रहेगी।"

—डेव रामसे

चित्र 2.20—विजया बैंक में अप ट्रेंड का समापन (ट्रेडिंग व्यू)

अत: यदि आप बाजार में पार्ट-टाइम निवेशक हैं या यदि आप रोजाना ट्रेड में शामिल नहीं होना चाहते या आप अपने धन का कुछ हिस्सा निवेश करना चाहते हैं तो आपको उस स्क्रिप्ट में निवेश करना चाहिए, जिसके चार्ट में 'डाउन ट्रेंड का समापन' की विशेषता दिखाई दे और आप स्क्रिप्ट को अपने पोर्टफोलियो में तब तक होल्ड पर रखें, जब तक यह 'अप ट्रेंड का समापन' न दिखाने लगे। सुनिश्चित करें कि आप किसी भी स्क्रिप्ट पर अपने पोर्टफोलियो का मात्र 5-10 प्रतिशत निवेश करें, जिससे अपरिहार्य परिस्थितियों में स्क्रिप्ट का भाव नीचे आने पर भी नुकसान कम-से-कम हो।

समय को साधें

कोई भी ट्रेंड पैटर्न हो, भले ही ये ट्रेंड फॉलोविंग, ट्रेंड रिवर्सल या ब्रेकआउट हो, यह 1-मिनट चार्ट से लेकर मासिक चार्ट सभी समयावधियों में दिखाई देता है, क्योंकि बाजार एक के बाद एक कई समयावधियों में कार्य करता है।

ट्रेडर समयावधि चुनते समय जो सबसे बड़ी गलती करते हैं, वह एक ही समयावधि से चिपके रहना है, यह मानकर कि उनका ट्रेडिंग पैटर्न केवल उसी समयावधि में उपलब्ध रहता है। उदाहरण के लिए, एक लघु—आवधिक ट्रेडर।

"बहुत से लोग अपने कमाए धन को खर्च करते हैं, उन चीजों को खरीदने में, जो उन्हें चाहिए ही नहीं; उन लोगों को प्रभावित करने के लिए, जिन्हें वे पसंद नहीं करते।"

—विल रोजर्स

जिसका ट्रेंड फॉलोविंग सिस्टम है, एक साप्ताहिक समयावधि को चुनता है, यह सोचकर कि वह इन्हें हर सप्ताह ट्रेंड करेगा। यह अच्छा विचार नहीं है। यदि उसे उचित 'प्रवेश' मिल भी गया तो भी अपनी लघु-आवधिक होल्डिंग दृष्टिकोण के कारण वह संपूर्ण ट्रेड के दौरान बना नहीं रह सकेगा।

इसलिए, हमेशा यही अच्छा रहता है कि अनुकूल समयावधि चुनते समय अपनी होल्डिंग अवधि को भी ध्यान में रखें। अपने लिए सही समय को चुनते समय निम्नलिखित सूत्र का पालन करें।

क्रम	होल्डिंग अवधि	अनुकूल समयावधि	ट्रेडिंग शैली
1	1-6 घंटे	घंटेवार / दैनिक	इंट्रा-डे ट्रेडिंग
2	1-4 सप्ताह	दैनिक	स्विंग एंड पोजीशनल ट्रेडिंग
3	4 सप्ताह से अधिक	साप्ताहिक	दीर्घावधिक ट्रेडिंग

आपकी ट्रेडिंग शैली चाहे जो भी हो, आप सबसे बेहतर प्रवेश व्यवस्था या लघु समयावधि में उचित स्थायित्व को भी देख सकते हैं। उदाहरण के लिए, यदि आपकी समयावधि दैनिक है तो आप घंटेवार चार्ट में कम जोखिम वाली पोजीशन की सबसे बेहतरीन व्यवस्था को खोज सकते हैं।

चित्र 2.21—इंडिगो दैनिक चार्ट (ट्रेडिंग व्यू)

"यदि अधिकांश ट्रेडर्स कुल समय के 50 प्रतिशत अपने हाथों को काबू रखें तो वे काफी अधिक पैसा कमा सकते हैं।"

—बिल लिप शुट्ज

उदाहरण के लिए, एक ट्रेंड अनुसरणकर्ता ट्रेडर, जो उपर्युक्त दैनिक समयावधि का अनुसरण करता हो, उसके लिए यह स्क्रिप्ट (इंडिगो) एक अच्छा सौदा है। यह स्पष्ट रूप से अप ट्रेंड है, जिसमें भावों को ट्रेंड रेखा का सपोर्ट (समर्थन) मिल रहा है और हम इसकी पुष्टि बुलिश हरामी एंड हैमर के माध्यम से कैंडलस्टिक को देखकर भी कर सकते हैं। इस चार्ट के अनुसार, लॉन्ग पोजीशन के लिए आदर्श प्रवेश 1,250 पर और 1,218 के स्टॉप लॉस (एस.एल.) होना चाहिए। अत: दैनिक चार्ट के अनुसार कुल जोखिम 32 पॉइंट का है। चलिए, अब घंटेवार चार्ट देखते हैं।

चित्र 2.22—इंडिगो घंटेवार चार्ट (ट्रेडिंग व्यू)

इंडिगो का घंटेवार चार्ट दिखाता है कि अतीत में 1,225 ने मजबूत समर्थन का कार्य किया है और हेड एंड शोल्जर्स पैटर्न में इसी स्तर पर फॉल्स ब्रेकआउट दिखाई देगा। हम हैमन एंड बुलिश हरामी पर इसकी कैंडलस्टिक पुष्टि भी देख सकते हैं। घंटेवार चार्ट के आधार पर 1,218 के स्टॉप लॉस के साथ 1,234 पर प्रवेश किया जा सकता है। ऐसे में कुल जोखिम दैनिक चार्ट के 32 पॉइंट की तुलना में केवल 16 पॉइंट का होगा (50 प्रतिशत कम जोखिम)।

यदि आप एक ट्रेंड ट्रेडर हैं तो आपको एक सावधानी रखनी होगी—आप हमेशा अपने अधिकतम समयावधि के ट्रेंड के विपरीत ट्रेंड न किया करें, क्योंकि अधिकतम समयावधि के दौरान ट्रेंड के बने रहने की संभावना अधिकतम रहती है। यदि आप ट्रेंड के विपरीत हैं तो आपको अपने अधिकांश सौदों पर एस.एल. लेना होगा। □

"प्रतिदिन मैं यही मानता हूँ कि मेरी सभी पोजीशन गलत हैं।"

—पॉल टुडोर जोंस

अध्याय-3

अब महारत कोई रहस्य नहीं

जैसा कि अल्बर्ट आइंस्टाइन ने कहा है, "केवल वही व्यक्ति, जो अपनी पूरी शक्ति और आत्मा के साथ किसी उद्‌देश्य के प्रति समर्पित होता है, सच्चा माहिर बन सकता है। यही कारण है, महारत पूर्ण समर्पण की माँग करती है।" चंद्रमा पर पहली बार चलने वाले नील आर्मस्ट्रांग ने एक बार कहा था, "रहस्य आश्चर्य उत्पन्न करता है और यही आश्चर्य मन को समझने की इच्छा का आधार है।"

अब उन सफल ट्रेडर्स पर आश्चर्य जताना बंद कीजिए, जो बाजार से सतत मुनाफा कमा रहे हैं और यह समझिए कि किस तरह हम भी उसी मार्ग पर चल सकते हैं।

अपनी यात्रा को पहचानें

कल्पना कीजिए, आप अपने प्रियजनों के साथ अपने पसंदीदा गंतव्य की यात्रा कर रहे हैं। अपनी यात्रा को अधिक मजेदार बनाने के लिए आपकी पहली प्राथमिकता क्या होगी? हमारे लिए यह होगा, उस परिवहन को चुनना, जो हमारे लिए अधिक-से-अधिक आरामदेह हो, यात्रा की अवधि और बजट। इसी तरह, ट्रेडर के लिए ट्रेडिंग की यात्रा शुरू करने से पहले ट्रेडिंग के प्रकार का चयन करना आवश्यक है।

यात्रा के हर प्रकार के अपने फायदे और नुकसान हैं। सड़क मार्ग से यात्रा करना कम खर्चीला हो सकता है, लेकिन इसमें समय अधिक लगेगा। विमान से यात्रा करना समय बचानेवाला होगा, लेकिन इस यात्रा के लिए अधिक पैसा लगाना होगा।

हेलेन हेस ने ठीक ही कहा है, "किसी भी विषय का विशेषज्ञ पहले नौसिखिया ही होता है।"

"एक शेयर ऑपरेटर को अपने भीतर के बहुत सारे खर्चीले शत्रुओं से लड़ना होता है।"
—जेसी लिवरमोर

ट्रेडिंग में महारत हासिल करने की तलाश में बुनियादी चीजों से शुरुआत करना बुद्धिमानी है।

सपोर्ट (समर्थन) और रेसिस्टेंस (प्रतिरोध)

सपोर्ट वह भाव स्तर है, जिस पर माँग को इतना मजबूत माना जाता है कि वह भावों को गिरने से बचा सके। इस स्तर पर क्रेताओं का रुझान लिवाली की ओर अधिक होता है और विक्रेताओं का रुझान बिकवाली की ओर कम होता है।

रेसिस्टेंस वह भाव स्तर है, जिस पर विक्रय को इतना मजबूत माना जाता है कि वह भावों को गिरने से बचा सके। इस स्तर पर विक्रेता का रुझान बिकवाली की ओर अधिक होता है और क्रेताओं का खरीदारी की ओर रुझान कम होता है।

ऐसा क्यों होता है ?

भावों की स्मृति होती है। दूसरे शब्दों में, लोगों को किसी भी शेयर का महत्त्वपूर्ण स्तर याद रहता है, जो उन्हें बाजार मनोविज्ञान तथा माँग व पूर्ति के लिए महत्त्वपूर्ण बनाता है।

जब भाव समर्थन स्तर से चढ़ते हैं, तब लॉन्ग ट्रेडर्स खुश होते हैं और कुछ और पोजीशन जोड़ने के बारे में सोचने लगते हैं, यदि भाव पुनः अपने प्रवेश स्तर पर पहुँच जाएँ। अगली श्रेणी उन ट्रेडर्स की है, जो पिछले सौदे से चूक गए थे और जो बेचैनी से पुनः अपनी पोजीशन पाने की प्रतीक्षा कर रहे होते हैं, यदि भाव पुनः अपने मूल स्तर पर पहुँच जाएँ। अंतिम श्रेणी उन ट्रेडर्स की होती है, जो शॉर्ट पोजीशन लेते हैं और भाव बढ़ने से खुश नहीं होते। वे उस भाव बिंदु के इंतजार में होते हैं, जिसमें वे न्यूनतम नुकसान उठाते हुए अपनी पोजीशन से बाहर निकल सकें। जब भाव पुनः अपने मूल स्तर पर पहुँच जाते हैं तो उनका नुकसान भी न्यूनतम (या शून्य) हो जाता है, इसलिए वे अपनी पोजीशन बंद करने के प्रयास में होते हैं। अतः वे अप्रत्यक्ष रूप से क्रेता बन जाते हैं।

इन्हीं तीन प्रकार के ट्रेडर्स के सामूहिक प्रयासों से क्रय शक्ति का निर्माण होता है, जिससे भावों का गिरना रुकता है और इसकी जगह उन्हें आगे बढ़ने का प्रोत्साहन मिलता है। अब वे कितना ऊपर तक चढ़ सकेंगे, यह उस समय पर निर्मित क्रय शक्ति पर निर्भर करता है। फिर भी, इसके किसी समर्थन स्तर पर पहुँचने के बावजूद

"प्रत्येक दिन बैंक का खाता है और समय हमारी मुद्रा है। न कोई अमीर है, न गरीब। हम सभी को 24 घंटे मिले हैं।"

—क्रिस्टोफर राइस

भावों का न गिरना और चढ़ने का रुख कायम रहना जरूरी नहीं होता; क्योंकि यह अन्य बहुत से पहलुओं पर निर्भर करता है, जिनमें किसी विशेष समर्थन स्तर का महत्त्व, संपूर्ण बाजार संवेदना तथा माँग व आपूर्ति के अनुमान पर आधारित क्रेताओं की भागीदारी का स्तर शामिल रहते हैं। और जब भी भाव किसी रेसिस्टेंस (प्रतिरोध) स्तर पर पहुँच जाता है तो वहाँ भी यही तर्क लागू होता है।

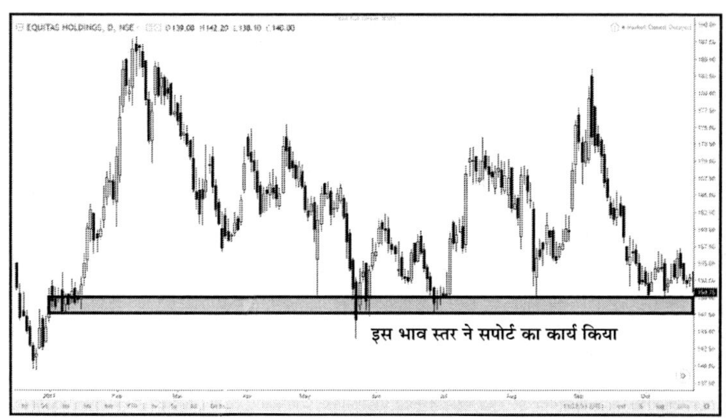

चित्र 3.1—सपोर्ट (ट्रेडिंग व्यू)

चित्र 3.2—रेसिस्टेंस (ट्रेडिंग व्यू)

"अधिकांश लोग इसलिए अवसर चूक जाते हैं, क्योंकि यह सर्व-समावेशी आवरण में कार्य के जैसा दिखाई देता है।"

—थॉमस एडिसन

सपोर्ट का रेसिस्टेंस में परिवर्तित होना

ध्यान देनेवाला एक और महत्त्वपूर्ण बिंदु वह है, जब खुद सपोर्ट ही रेसिस्टेंस में परिवर्तित हो जाए या इसके उलट हो। जब किसी महत्त्वपूर्ण सपोर्ट स्तर पर भाव टूट जाएँ तो वह टूटने का स्तर रेसिस्टेंस बन जाता है। समर्थन का टूटना इस बात का संकेत है कि माँग शक्तियों पर आपूर्ति शक्तियाँ हावी हो गई हैं। इसलिए, यदि भाव पुनः स्तर पर पहुँच जाए तो अधिक आपूर्ति की संभावना बढ़ जाती है। यही रेसिस्टेंस का कारण बनता है।

चित्र 3.3—सपोर्ट का बतौर रेसिस्टेंस कार्य करना (ट्रेडिंग व्यू)

एक और धारणा रेसिस्टेंस के सपोर्ट में परिवर्तित होना है। जब रेसिस्टेंस से ऊपर भाव टूटते हैं तो यह आपूर्ति और माँग में बदलाव का संकेत है। यह ब्रेकआउट दरशाता है कि आपूर्ति शक्तियों पर माँग शक्तियाँ हावी हो गई हैं। यदि भाव पुनः इस स्तर पर पहुँच जाएँ तो आपूर्ति में वृद्धि की संभावना बढ़ जाती है और इसी कारण यह सपोर्ट की तरह कार्य करता है।

"मेरे ट्रेडिंग के साथ-ही-साथ जीवन में भी सफल होने के दो बुनियादी नियम हैं—1. यदि आप दाँव नहीं लगाते तो जीत भी नहीं सकते। 2. यदि आप सबकुछ खो बैठेंगे तो दाँव भी नहीं लगा सकेंगे।"

—लैरी हाइट

चित्र 3.4—रेसिस्टेंस बतौर का कार्य करना (ट्रेडिंग व्यू)

ट्रेंड लाइन सपोर्ट या रेसिस्टेंस

ट्रेंड को पहचानने में ट्रेंड रेखाओं की पुष्टि और उनका रिवर्सल (उलटना) बेहद अहम होता है। ट्रेंड रेखा ऐसी सीधी रेखा होती है, जो दो या अधिक भाव बिंदुओं को आपस में जोड़े और आगे विस्तार लेकर भविष्य में सपोर्ट या रेसिस्टेंस रेखा के तौर पर कार्य करे। यह ट्रेंड रेखा जितने अधिक शीर्षों को जोड़ती होगी, उतनी ही मजबूत होगी।

अप ट्रेंड रेखा में सकारात्मक झुकाव होगा और यह दो या अधिक न्यून बिंदुओं को जोड़ने से बनेगी। ध्यान रखिए, किसी को वैध ट्रेंड रेखा होने के लिए कम-से-कम दो बिंदुओं को जोड़ना आवश्यक होता है। अप ट्रेंड रेखाएँ सपोर्ट के रूप में काम करती हैं और माँग बढ़ने की सूचना देती हैं, फिर चाहे भाव भी क्यों न बढ़ रहे हों। भाव बढ़ने के साथ-ही-साथ माँग भी बढ़ना तेजी से होता है; और जितने समय तक यह भाव ट्रेंड रेखा से ऊपर रहेंगे, अप ट्रेंड मजबूत और अक्षुण्ण रहेगा।

"वे कहते हैं कि हर चीज के दो पक्ष होते हैं। लेकिन शेयर बाजार का सिर्फ एक पक्ष है, और यह तेजी का पक्ष या मंदी का पक्ष नहीं; बल्कि सही पक्ष है।"

—जेसी लिव मोर

चित्र 3.5—अप ट्रेंड सपोर्ट रेखा (ट्रेडिंग व्यू)

डाउन ट्रेंड रेखा नकारात्मक झुकाव लिये होती है और यह दो या अधिक शीर्ष बिंदुओं को जोड़ने से बनती है। दूसरा शीर्ष पिछले शीर्ष से कम होना चाहिए, जिससे रेखा में नकारात्मक झुकाव आ सके। ये ट्रेंड रेखाएँ रेसिस्टेंस के तौर पर कार्य करती हैं और कुल आपूर्ति में वृद्धि की सूचक हैं, फिर चाहे भाव कम ही क्यों न हो रहे हों। डाउन ट्रेंड रेखा में ब्रेक इस बात का सूचक है कि कुल आपूर्ति घट रही है। इस ट्रेंड में यह परिवर्तन शीघ्र हो सकता है।

चित्र 3.6—डाउन ट्रेंड रेसिस्टेंस रेखा (ट्रेडिंग व्यू)

"बुल (तेजड़िए) धन कमाते हैं, बीयर (मंदड़िए) धन कमाते हैं, सूअर मारे जाते हैं।"

वॉल्यूम (मात्रा)

वॉल्यूम (मात्रा) उन अत्यंत महत्त्वपूर्ण पहलुओं में से एक है, जो भाव चार्ट की आगामी गतिविधि का सुराग देता है। यह अच्छा रहेगा कि निम्नलिखित जानकारी को हर समय याद रखा जाए—

भाव	मात्रा	दिशा
भाव बढ़ना	मात्रा बढ़ना	तेजी (और बढ़ सकता है)
भाव बढ़ना	मात्रा घटना	तेजी नहीं
भाव घटना	मात्रा बढ़ना	मंदी (और नीचे जा सकता है)
भाव घटना	मात्रा घटना	मंदी नहीं

अब समय है ट्रेडिंग के विभिन्न प्रकार जानने का—

ट्रेंड फॉलोविंग (ट्रेंड अनुसरण) : सभी सौदे मौजूदा ट्रेंड की दिशा में ही होना।

ट्रेंड रिवर्सल/मीन रिवर्सल (ट्रेंड परिवर्तन/औसत परिवर्तन) : सौदे ट्रेंड के विपरीत प्रकृति के होते हैं और इनका लक्ष्य नए ट्रेंड की संपूर्ण गति को काबू करना होता है।

ब्रेकआउट : यह ट्रेंड या ट्रेंड के विपरीत कुछ भी हो सकता है। उदाहरण के लिए, कप-व-हैंडल ट्रेंड की दिशा में होता है, वहीं हेड एंड शोल्जर्स प्रारूप पर आधारित सौदा ट्रेंड के विपरीत होता है।

बजाय इसके कि विभिन्न प्रकार की ट्रेडिंग सहित ट्रेडिंग्स की भिन्न समयावधियों के बीच भ्रमित हुआ जाए, यह स्वीकार करना अधिक बुद्धिमानी है कि यह ट्रेडिंग प्रकार सभी समयावधियों में संभव है (15-मिनट चार्ट, घंटेवार चार्ट, दैनिक चार्ट आदि)।

अत: ट्रेडिंग का प्रकार चुनते हुए, ट्रेडर को विभिन्न फायदों को ध्यान में रखते हुए उसी पर सीमित रहते चुनना चाहिए, जो उसके व्यक्तित्व के अनुरूप हो। कई बार ट्रेडिंग प्रकार को चुनना भावात्मक भी होता है। अपनी ट्रेडिंग यात्रा को समयावधि के चयन और ट्रेडिंग प्रकार से प्राप्त ज्ञान के सम्मिलन द्वारा परिभाषित करें। अपनी यात्रा को यादगार बनाने के लिए अपनी भावनाओं को नियंत्रित रखें।

"औपचारिक शिक्षा आपको कमाने योग्य बना सकती है; स्व-शिक्षण आपका भाग्य बनाता है।"

—जिम रॉन

अपनी शैली में मुसकराएँ

अपने पसंदीदा खेल पर विचार करें, तो हम सबका कोई-न-कोई पसंदीदा खिलाड़ी होता है। इस आकर्षण का बुनियादी कारण संभवत: उसकी व्यक्तिगत या खेलनेवाली शैली हो सकती है। जब हम बहुत से खेलों और खिलाड़ियों के उदाहरणों को लें, तो पाएँगे कि हर खिलाड़ी की अपनी खुद की शैली है। जब ट्रेडिंग की बात करें तो सफल ट्रेडर्स की अपनी शैली होती है। उनकी सफलता की नकल करते हुए हमें सुनिश्चित करना चाहिए कि हम वह शैली चुनें, जो हमारे व्यक्तित्व के साथ मेल खाती हो।

ट्रेडिंग प्रकार का प्रभाव आपके व्यक्तित्व पर भी पड़ सकता है। यदि व्यक्तित्व और ट्रेडिंग प्रकार की आवश्यकताओं के बीच तालमेल नहीं होगा तो यह आपकी सफलता में बाधा का कार्य करेगा। हम ट्रेड प्रकारों का मोटे तौर पर सटीकता, जोखिम-पुरस्कार, और ट्रेड की अवधि के आधार पर आकलन कर सकते हैं।

क्या आपको क्रिकेट पसंद है? इसके बहुत से संस्करण हैं—टेस्ट, एक दिवसीय और टी-20। टी-20 में बल्लेबाज सीमित समय के भीतर अधिक-से-अधिक रन बनाने की आशा करता है। इस शैली में सटीकता कम और जोखिम अधिक होता है; लेकिन ज्यादा रन बनाने के लिए कम समय चाहिए होता है। इसी तरह, यदि ट्रेडर्स कम समय में अधिक शीघ्र धन कमाना चाहते हैं तो सटीकता बुरी तरह प्रभावित हो सकती है। यदि सटीकता आपकी भावनाओं को इससे मिलनेवाले पुरस्कार की तुलना में परेशान नहीं करती तो यह आपके लिए आदर्श प्रकार होगा। आँकड़ों की दृष्टि से ब्रेकआउट ट्रेडिंग में मध्यम सटीकतावाले सौदे होते हैं। यह शैली उस व्यक्ति के ध्यान योग्य अवश्य है, जो कम समय में समुचित पुरस्कार का लाभ लेने के लिए उच्च जोखिम उठा सके।

टेस्ट मैच में बल्लेबाज समय के साथ पूरी पारी खेल जाता है। वह शीर्ष रन, जैसे शतक या दोहरा, शतक बनाने पर जोर देता है। इसके लिए उसे बहुत समय तक मैदान में टिके रहना होता है। इसी तरह, यदि ट्रेडर उच्च सटीकता हासिल करने से भावात्मक रूप से जुड़ा रहता है और वह तब तक धैर्य रख सकता है, जब तक उसका सौदा न हो जाए तो हमारी सलाह है कि आप ट्रेंड अनुसरण के लिए प्रयास करें।

टेस्ट मैच में कई बार आप कम रनों पर ही विकेट खो बैठते हैं; लेकिन आप

"कीमत, जो आप चुकाते हैं; मूल्य, जो आपको मिलते हैं।"
—वॉरेन बफे

अपना नाम क्रिकेट जगत् में अपनी खेली गई लंबी पारियों के लिए दर्ज करवा सकते हैं। यदि आप ऐसे ट्रेडर हैं, जो बिना घबराए लंबे समय तक धैर्य के साथ प्रतीक्षा कर सकते हैं और इसके साथ ही रुख के चलते छोटे नुकसान भी सह सकते हों। आखिर ये आपके दोस्त ही तो हैं!

एक दिवसीय मैच के लिए ऐसे कौशल की आवश्यकता होती है, जिसमें टी-20 और टेस्ट मैच कौशल की विशेषताएँ हों। बल्लेबाज को पता होना चाहिए कि हालात की माँग पर वह कैसे तेजी से रन बना सकता है और किस तरह मैदान में टिके रहकर लंबी पारी खेल सकता है। ट्रेंड रिवर्सल ट्रेडर होने पर व्यक्ति को तब तक प्रतीक्षा करनी पड़ती है, जब तक उसका सौदा अच्छा प्रदर्शन करना आरंभ न करे। जब सौदा आपके पक्ष में हो तो यह औसत अवधि में आपको जो जोखिम आप उठाने को तैयार हैं, उसके लिए उच्चतम पुरस्कार दे सकेगा। चूँकि यह काउंटर ट्रेंड है, इसलिए सौदे के आपके विपरीत जाने की संभावना काफी अधिक होगी, जिससे सटीकता कम हो जाएगी। यदि यह स्थिति आपकी प्रकृति के अनुकूल है तो अपने आपको ट्रेंड रिवर्सल ट्रेडर बनने के लिए अपना कौशल विकसित करें।

जीतने के लिए दौड़ें

यदि आपको धावक पसंद हैं तो आप विभिन्न प्रकार की दौड़ों से भी परिचित होंगे। चलिए, अब हम दौड़ के प्रकारों और ट्रेडिंग के प्रकारों के बीच तुलना करने का प्रयास करते हैं। स्प्रिंटिंग (तेज दौड़) में कम समय में कम दूरी तक दौड़ना होता है। यह आमतौर पर किसी लक्ष्य या ध्येय या प्रतिस्पर्धी तक तेजी से पहुँचने का तरीका होता है। इसी तरह इंट्रा-डे ट्रेडिंग भी अपने लक्ष्य तक एक ही दिन में पहुँचने का तरीका है। कुछ रोज इसे रात भर के जोखिम से बचने के लिए करते हैं (उदाहरण के लिए, गैपअप और गैपडाउन जोखिम)। इंट्रा-डे ट्रेडिंग में सोचने, फैसला लेने और सौदा निष्पादन के लिए गति की आवश्यकता होती है। यदि आपके पास प्रमाणित पद्धति है तो इससे आप तेजी से धन कमा सकते हैं। हालाँकि आप जितना अधिक ट्रेड करेंगे, उससे संबंधित खर्च भी उतने ही बढ़ जाएँगे।

हर्डलिंग (बाधा दौड़) में दौड़ते हुए गति के साथ बाधा के ऊपर से छलाँग लगानी होती है। ट्रैक-एंड-फील्ड प्रतियोगिता में बाधा के नाम से जाने जानेवाले बैरियरर्स की श्रृंखला को सुनिश्चित ऊँचाई व दूरी पर रखा जाता है, जिसके ऊपर

"एक अच्छे ट्रेड और अच्छी ट्रेडिंग में बहुत बड़ा फर्क होता है।"
—स्टीव बर्न्स

से प्रत्येक धावक को कूदना होता है। इसी तरह, बाजार भी कभी सीधी रेखा में नहीं चलता। उतार–चढ़ाव से भाव विभिन्न स्तरों पर डाँवाँडोल होते रहते हैं। ट्रेडर इस उतार–चढ़ाव की विभिन्न गतिविधियों को पकड़ने का फैसला कर सकता है।

स्विंग ट्रेडिंग में धैर्य सहित उचित प्रवेश भाव की प्रतीक्षा के साथ ही दिशा–आधारित सोच, निर्णय लेने और सौदा करने की आवश्यकता होती है। यदि आपके पास प्रामाणिक पद्धति है तो यह आपको सतत धन की ओर ले जा सकती है। कुछ अवसरों पर जब भाव का उतार–चढ़ाव बेहद अस्थिर हो, तब अनियोजित जोखिम लिया जा सकता है। भावों के एक श्रेणी में गतिशील होने से आपको सही अवसर की प्रतीक्षा करनी होगी, जो आपके धैर्य की परीक्षा होगी। स्विंग ट्रेडिंग में इंट्रा–डे ट्रेडिंग की तुलना में ट्रेड संख्या सीमित हो सकती है और इसलिए, ट्रेडिंग संबंधी गतिविधियों के लिए थोड़ा ही समय देना होगा।

मैराथन लंबी दूरी की दौड़ है, जिसमें आधिकारिक दूरी 42.195 किलोमीटर है। मैराथन जीतने के लिए सहन–शक्ति और लगातार अभ्यास की आवश्यकता होती है। शेयर बाजार में धन–निर्माण को दीर्घावधिक निवेश की विशेषता बताया जाता है। निवेशक को इतना समय देना होता है कि उसका चयन उसे पुरस्कृत करना आरंभ कर दे, जिससे वह अपने वित्तीय लक्ष्य को हासिल कर सके। दीर्घावधिक खेल के लिए शेयरों को दृढ़ विश्वास सहित होल्ड पर रखने का धैर्य होना चाहिए। मैराथन दौड़ तभी पूरी होती है, जब दूरी को समाप्त कर दिया जाए, और दूर तक दौड़ने के लिए धावक को ताकत बनाए रखनी होती है। इसी तरह, एक निवेशक को मूल पूँजी बचाने के साथ ही इस पूँजी में इजाफा भी करना होता है। समय उसकी मदद करता है, जिससे कंपाउंडिंग रिटर्न अर्थपूर्ण हो सके। निवेश यात्रा के दौरान अनुशासन बनाए रखना सफल निवेश की कुंजी है।

स्वास्थ्य ही संपत्ति है। अधिकांश लोगों को पता होता है कि रोजाना जॉगिंग करके वे अपने आपको फिट रख सकते हैं। फिर भी, बहुत कम लोग ऐसा करते हैं। लाभ उठाने के लिए कदम उठाना आवश्यक है। यही ट्रेडर्स पर भी लागू होता है। आपके पास ट्रेडिंग के सही प्रकार से संबंधित सारी जानकारी हो सकती है, लेकिन आपको इससे तभी फायदा होगा, जब आप इसका प्रयोग भी करेंगे।

"यदि मैं स्मिथ की सलाह पर शेयर खरीदता हूँ तो मुझे उन शेयरों को स्मिथ की सलाह पर ही बेचना चाहिए। मैं उस पर निर्भर हूँ। मान लीजिए, स्मिथ उस समय छुट्टी पर हो, जब उन्हें बेचने का समय आए?"

—जेसी लिवरमोर

भावनाओं से तरक्की

चलिए, एक खेल की कल्पना करते हैं, जहाँ व्यक्ति को एक बॉक्स में मौजूद गेंद के परिणाम पर शर्त लगानी है। उस व्यक्ति को बताया गया है कि बॉक्स के भीतर 100 गेंदें हैं, जिनमें से 70 सफेद हैं और 30 काली। इसका मतलब हुआ कि जब वह एक गेंद को निकालेगा तो 70 प्रतिशत संभावना है कि वह सफेद होगी। इस जानकारी का उपयोग कर वह सफेद गेंद निकालने की शर्त लगा ले, और यह देखकर हैरान रह जाए कि वह लगातार पाँच बार गलत रहा।

यदि वह शौकीन खिलाड़ी होगा तो इसे अपना दुर्भाग्य मानकर खेल छोड़ देगा और अगली बार वह इस अध्ययन के आधार पर शायद ही कभी शर्त लगाए। यह व्यवहार, जहाँ वह अपनी भावनाओं को नियंत्रित नहीं कर सकता और अध्ययन के विपरीत कार्य करता है, उसका विफल होना लाजमी है। वहीं दूसरी ओर, एक पेशेवर खिलाड़ी अपने अध्ययन पर पूरे विश्वास के साथ खेलेगा और अंततः वह बड़ी संख्या में शर्त जीत सकेगा।

जो ट्रेडर किसी प्रणाली या पद्धति का उपयोग करते हैं, शायद किन्हीं हालात में उनकी पद्धति वास्तविक जगत् में क्षण भर के लिए उन्हें धन प्रदान करने में विफल हो जाए, इसके बावजूद अतीत में इसका खरा उतरना इसकी संभावनाओं का प्रमाण है। एक आसान ट्रेडिंग धारणा, जैसे औसत गति पार करना (लॉन्ग एंट्री में 50 डी.एम.ए. पर 10 की दैनिक औसत गति पार करना) से 60 प्रतिशत से अधिक सटीक परिणाम हासिल किए जा सकते हैं, जिसमें जोखिम–पुरस्कार 1:3 से भी अधिक होगा।

लेकिन ट्रेडर्स के लिए अतीत के परिणामों को देखने के बावजूद किसी प्रणाली का अनुसरण करना कठिन होता है। जब वे अपनी प्रणाली का उपयोग कर रहे होते हैं तो उन्हीं कभी–कभी छोटे नुकसान या ब्रेक का सामना करना पड़ता है और अचानक उन्हें एक और महान् प्रणाली मिल जाती है, जिसके हालिया परिणाम बेहद लाभकारी रहे हैं। ऐसे में, काफी संभावना है कि वे अपनी मौजूदा प्रणाली पर केंद्रित रहने की जगह दूसरी प्रणाली का उपयोग करने लगें। यह प्रवृत्ति बीते बड़े सौदे से चूकने से उत्पन्न निराशा या अपनी प्रणाली से दूसरी प्रणाली में आस्था–परिवर्तन के कारण पनपती है। उन्हें फिर एक बार उसी परिस्थिति का सामना करना पड़ सकता है, क्योंकि वे बाजार की गतिशीलता से तालमेल बनाने के लिए लगातार अपनी प्रणाली

"बाजार पैसों को धैर्यहीन से धैर्यवान् तक पहुँचाने का उपकरण है।"
—वॉरेन बफे

बदलते रहते हैं। ट्रेडर्स की विभिन्न बाजार परिस्थितियों पर आधारित प्रणाली की सीमाओं को समझते हुए उसके भावात्मक सदमे के लिए सत्य की दवा हो सकती है।

पेशेवर ट्रेडर्स अपनी पद्धतियों को पिछले परिणामों पर जाँच कर अपनी प्रणाली की धार को परखते हैं। यदि सांख्यिकीय रिपोर्टें उनकी शैली तथा ट्रेडिंग प्रकार से मेल खाती हैं तो वे उस पर, उसके लघु–आवधिक प्रदर्शन के बावजूद, टिके रहते हैं। एक से दूसरी प्रणाली पर टापते रहने से आप किसी श्रेणी में महारत हासिल नहीं कर पाते। ऐसे हालात से बचने और सच्चा विशेषज्ञ बनने के लिए सलाह दी जाती है कि किसी प्रमाणित प्रणाली को इतने लंबे समय तक उपयोग करें कि विजयी हो सकें। संक्षेप में कहें, तो अपनी भावनाओं पर नियंत्रण रखने पर आप शौकिया से पेशेवर ट्रेडर पर तरक्की कर जाते हैं।

□

"कभी भी जीत को अपने दिमाग पर और हार को अपने दिल पर हावी न होने दें।"
—चक डी.

अध्याय-4

किसी एक की मानें या किसी की नहीं– संकेतकों का खुलासा

संकेतकों की आवश्यकता.

शेयर बाजार में मौजूद सभी तकनीकी संकेतक एक समान भाव सूचनाओं—खुलना, बंद होना, उच्च, निम्न और मात्रा की विभिन्न प्रकार की गणनाओं का उपयोग करके प्राप्त किए जाते हैं।

सभी तकनीकी संकेतकों को मोटे तौर पर दो श्रेणियों में वर्गीकृत किया जा सकता है—लीडिंग इंडीकेटर्स (प्रमुख संकेतक) और लैगिंग इंडीकेटर्स (सुस्त संकेतक)।

प्रमुख संकेतक वे हैं, जो भाव गतिशीलता की अगुआई करते हैं। वे किसी भी नए रुख या रिवर्सल से पूर्व संकेत करते हैं।

सुस्त संकेतक वे होते हैं, जो भाव-क्रिया का अनुसरण करते हैं। वे किसी रुख या रिवर्सल की शुरुआत के बाद संकेत देते हैं।

तकनीकी रूप से, सभी संकेतकों को चार प्रकारों में बाँटा जा सकता है, जैसा नीचे दिखाया गया है—

1. ट्रेंड इंडीकेटर्स (ट्रेंड संकेतक)
2. मोमेंटम इंडीकेटर्स (गति संकेतक)
3. वोलेटेलिटी इंडीकेटर्स (अस्थिरता संकेतक)
4. वॉल्यूम इंडीकेटर्स (मात्रा संकेतक)

"आप ऐसे कितने करोड़पतियों को जानते हैं, जो बचत खाते में निवेश से अमीर हुए हैं? मैं यहीं बात समाप्त करता हूँ।"

—रॉबर्ट जी. एलेन

ट्रेंड संकेतक

आमतौर पर, ट्रेंड का अनुसरण करनेवाले ट्रेडर्स अपनी ट्रेडिंग राय के समर्थन हेतु ट्रेंड संकेतक का उपयोग करते हैं।

मूविंग एवरेज (एम.ए.), एम.ए.सी.डी,. एवरेज डायरेक्शनल इंडेक्स (ए.डी. एक्स.), पाराबोलिक एस.ए.आर. (पी.एस.ए.आर.) और लीनियर रिग्रेसन ट्रेंड संकेतकों के कुछ उदाहरण हैं।

इन संकेतकों को इस तरह डिजाइन किया गया है कि ये किसी भी स्क्रिप्ट की दिशा और मजबूती को दरशा सकें। ट्रेंड की दिशा अपवर्ड, डाउनवर्ड या साइडवे— कुछ भी हो सकती है।

ये सभी सुस्त संकेतक हैं।

गति संकेतक

इन संकेतकों का उपयोग किसी निश्चित अवधि के भीतर स्क्रिप्ट की गति को मापने में किया जाता है।

लघु-आवधिक ट्रेडर्स उन शेयरों पर केंद्रित रहते हैं, जो बड़ी मात्रा में विशेष रूप से एक दिशा में बढ़ रहे हों, जिससे वे शीघ्र पैसा कमा सकें। यही कारण है कि वे आर.एस.आई., स्टोचैस्टिक्स, सी.सी.आई. (कमोडिटी चैनल इंडेक्स) और विलियम्स आर. जैसे गति संकेतकों का उपयोग करते हैं।

नीचे गति संकेतकों की दो व्यापक स्तर पर उपयोग होनेवाली महत्त्वपूर्ण विशेषताएँ बताई गई हैं—

1. अधिक लिवाली और अधिक बिकवाली परिस्थितियाँ
2. तेजी और मंदी विचलन।

आमतौर पर, लिवाली और बिकवाली की परिस्थितियों का उपयोग किसी ट्रेंड के समापन और ट्रेड के मौजूदा रुख की विपरीत दिशा में जाने की भविष्यवाणी में किया जाता है। उदाहरण के लिए, यदि गति संकेतक किसी स्क्रिप्ट के लिए लिवाली दरशा रहा है तो ट्रेडर उसके विक्रय की राह देखने लगता है।

इसी तरह, विचलन को किसी ट्रेंड के समापन हेतु उसकी कमजोरी को पहचानने और ट्रेंड के विपरीत दिशा में सौदा करने में उपयोग किया जाता है।

"सभी असफल लोग एक जैसे होते हैं।"
—पॉल टुडोर जोंस

अस्थिरता संकेतक

अस्थिरता वह तुलनात्मक दर है, जिस पर किसी प्रतिभूति का भाव ऊपर या नीचे होता है। उच्च अस्थिरता के हालात लघु-आवधिक ट्रेडर्स के लिए अच्छे होते हैं और इसी कारण बहुत से अस्थिरता संकेतक, जैसे बोलिंगर बैंड (बी.बी.), एवरेज ट्रू रेंज (ए.टी.आर.), डोनचिन चैनल तथा वोलेटेलिटी चेक-इन विकसित किए गए।

मात्रा संकेतक

ट्रेडिंग में मात्रा महत्त्वपूर्ण भूमिका निभाती है। उच्च मात्रा वाला ट्रेंड इस बात का सूचक है कि भाव के ट्रेंड की दिशा में बढ़ने की संभावना उच्चतम है। अतः इसे ट्रेंड या ट्रेंड रिवर्सल की पुष्टि के लिए उपयोग किया जा सकता है।

इसके मनी फ्लो इंडेक्स, चेक-इन मनी फ्लो, फोर्स इंडेक्स और ऑन-बैलेंस वॉल्यूम कुछ उदाहरण हैं।

समझ जाएँगे, जब चुनना सीख जाएँगे (तेज बनें)

जब आप दफ्तर जाने के लिए तैयार होते हैं तो आप खूबसूरत काले या भूरे रंग के औपचारिक जूते पहनते हैं। मैराथन में दौड़ने के लिए एक धावक खेल के अच्छे जूते पहनते हैं, जिसमें बेहतरीन गद्दियाँ हों, जो किसी भी संभावित चोट से सुरक्षा दे सकें। वहीं पर्वतारोही ऐसे जूते चुनता है, जो विशेष रूप से हाइकिंग (लंबी पैदल यात्रा) के लिए डिजाइन किए जाते हैं, जो फिसलने से बचाते हैं।

लेकिन यदि एक कॉरपोरेट जगत् का व्यक्ति खेल के जूते पहनकर ऑफिस जाए तो क्या होगा? इसी तरह, जरा विचार करें कि एक मैराथन धावक दौड़ने के लिए भारी-भरकम हाइकिंग के जूतों का उपयोग करे। इसके साथ ही, तब क्या हो, जब एक पर्वतारोही चढ़ाई के दौरान औपचारिक जूते पहने? ये सभी हालात शारीरिक कष्टों के और कुछ तो मृत्यु तक का कारण बन सकते हैं। इसी तरह, अपनी ट्रेडिंग प्रणाली में गलत संकेतक को अपनाना आपकी ट्रेडिंग पूँजी को समाप्त कर सकता है।

ट्रेंड अनुसरण प्रणाली

सभी ट्रेंड संकेतक ट्रेंड अनुसरण प्रणाली होने पर बेहतर काम कर सकते हैं। इस ट्रेडिंग प्रणाली के लिए मूविंग एवरेज, एम.ए.सी.डी. या ए.डी.एक्स. अच्छे चुनाव हैं। कृपया ध्यान रखें कि दो या इससे अधिक ट्रेंड संकेतकों का उपयोग करना

व्यापार का बाजारवाद आपके सामने है, एक आप ही उसे नहीं चाहते। —स्कॉट रैडलर

आवश्यक नहीं है, क्योंकि इन सभी को उन्हीं भावों द्वारा निकाला गया है, इसलिए ये समान पुष्टि करेंगे। अधिक प्रणालियों का उपयोग करना जटिलता बढ़ा सकता है।

चित्र 4.1—एस्कॉर्ट्स का दैनिक चार्ट, 25 दिवसीय मूविंग एवरेज सहित (ट्रेडिंग व्यू)

उपर्युक्त चित्र दरशाता है कि 25-दिवसीय एम.ए. में भाव हमेशा समर्थित रहे हैं और लगातार बढ़ते रहे। इसलिए भाव के एम.ए. समर्थित होने पर उन्हें खरीदने का विचार हमेशा अच्छा रहेगा। इस एम.ए. का उपयोग आप अपने एस.एल. पर नजर रखने में भी कर सकते हैं, यदि आपने पहले से ही कुछ स्क्रिप्ट खरीद रखी हों।

इसी तरह, ट्रेंड कंटीन्यूएशन प्रणाली में ए.डी.एक्स. का भी उपयोग किया जा सकता है। मूलत: ए.डी.एक्स. संकेतक में तीन घटक होते हैं—ए.डी.एक्स. लाइन,+डी.एम.आई. और-डी.एम.आई.। 25 से अधिक की ए.डी.एक्स. लाइन को मजबूत रुख माना जाता है (यह चाहे अप ट्रेंड हो या डाउन ट्रेंड)। यदि-डी.एम.आई. रेखा से+डी.एम.आई. अधिक है तो तेजड़ियों का नियंत्रण है। इसी प्रकार, यदि+डी.एम.आई. से-डी.एम.आई. अधिक हो तो तेजी पर मंदड़ियों का नियंत्रण है।

अत: एक ट्रेडर लंबे सौदे की योजना केवल तभी बना सकता है, जब ए.डी.एक्स. लाइन 25 से ऊपर हो,-डी.एम.आई. से+डी.एम.आई. अधिक हो और भाव का ट्रेंड लाइन पर भाव रेखा सपोर्ट करे। इसी तरह, वह शॉर्ट ट्रेड की योजना केवल तभी बना सकता है, जब ए.डी.एक्स. लाइन 25 से ऊपर हो, +डी.एम.आई. से-डी.एम.आई. अधिक हो और ट्रेंड रेखा पर भाव रेसिस्टेंस में हों।

"मैं आपको बताता हूँ कि धनवान कैसे बनें? दरवाजा बंद कर लें। जब बाकी सब ललचा रहे हों तो आप डर जाएँ। और जब बाकी सब डरे हुए हों तो आप लालची बनें।"

—वॉरेन बफे

चित्र 4.2—लॉन्ग ट्रेड्स को दरशाता मारुति का दैनिक चार्ट (ट्रेडिंग व्यू)

चित्र 4.3—शॉर्ट ट्रेड्स को दरशाता सनफार्मा का दैनिक चार्ट (ट्रेडिंग व्यू)

ट्रेंड रिवर्सल प्रणाली

ए.डी.एक्स. संकेतकों का उपयोग ट्रेंड रिवर्सल को पहचानने में भी किया जा सकता है। इस तरह एक ट्रेडर उस समय लंबे सौदे की योजना बना सकता है, जब ए.डी.एक्स. 25 से ऊपर हो और जब +डी.एम.आई -डी.एम.आई. के निचले स्तर को पार कर जाए। यह डाउन ट्रेंड के समापन और अप ट्रेंड की शुरुआत का संकेत है।

"मैं भाग्य में बहुत विश्वास करता हूँ, और मैंने जाना कि मैं जितना अधिक काम करता हूँ, मुझे उतना ही अधिक मिलता जाता है।"

—थॉमस जेफरसन

इसी तरह, वह उस समय शॉर्ट ट्रेड की योजना बना सकता है, जब ए.डी. एक्स. रेखा 25 से ऊपर हो और -डी.एम.आई. +डी.एम.आई. के निचले स्तर को पार कर जाए। यह अप ट्रेंड के समापन और डाउन ट्रेंड की शुरुआत का संकेत है।

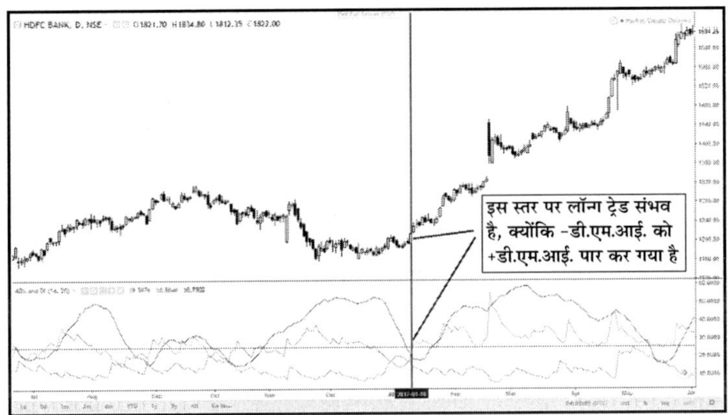

चित्र 4.4—ए.डी.एक्स. संकेतक सहित एच.डी.एफ.सी. बैंक का दैनिक चार्ट (ट्रेडिंग व्यू)

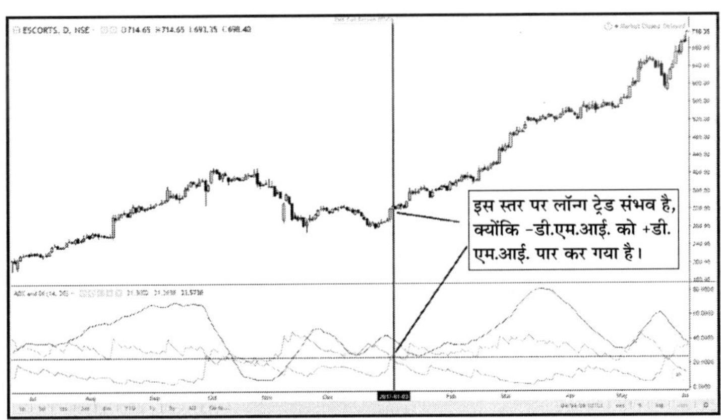

चित्र 4.5—ए.डी.एक्स. संकेतक सहित एस्कॉर्ट्स का दैनिक चार्ट (ट्रेडिंग व्यू)

अनेक ट्रेडर्स ट्रेड रिवर्सल को पहचानने में आर.एस.आई. या स्टॉकेस्टिक जैसे ऑसिलेटर्स का उपयोग करने के साथ ही विचलन के माध्यम से ट्रेड करते हैं।

"आजीविका कमाने के लिए आपको बस एक तरीका चाहिए होता है।"
—लिंडा राश्क

चित्र 4.6—आर.एस.आई. मंदी विचलन दरशाता निफ्टी का साप्ताहिक चार्ट (ट्रेडिंगव्यू)

जैसा कि उपर्युक्त चित्र में दरशाया गया है, मंदी विचलन को तब पहचाना जा सकता है, जब भाव अधिकतम उच्च तक पहुँच जाएँ, लेकिन आर.एस.आई. न्यूनतम उच्च तक ही पहुँच सके, जो मौजूदा रुख (इस मामले में चढ़ना) में कमजोरी का संकेत है। आमतौर पर ट्रेडर्स मंदी विचलन दिखाई देने पर शॉर्ट ट्रेड करते हैं, क्योंकि यह मौजूदा रुख के समापन और नए रुख की शुरुआत का सूचक है।

चित्र 4.7—आर.एस.आई. तेजी विचलन दरशाता डी.एल.एफ. का दैनिक चार्ट (ट्रेडिंग व्यू)

"आपका सबसे गहरा दर्द आपका सबसे महान् उपहार है, यदि आप उसे उपयोग करना सीख सकें।"
—टोनी रॉबिंस

तेजी विचलन को तब पहचाना जा सकता है, जब भाव न्यूनतम निम्न पर पहुँच जाएँ, लेकिन आर.एस.आई. अधिकतम निम्न पर रहे, जो मौजूदा रुख (इस मामले में गिरना) में कमजोरी का संकेत है। आमतौर पर ट्रेडर्स तेजी विचलन दिखाई देने पर लॉन्ग ट्रेड करते हैं, क्योंकि यह मौजूदा रुख के समापन और नए रुख की शुरुआत का सूचक है।

फिर भी, हमारे अध्ययन के अनुसार, उपर्युक्त विचार (आर.एस.आई. विचलन) ट्रेंड रिवर्सल सौदों में अनुसरण के लिए अच्छा नहीं है। इससे उत्पन्न हालात और कुछ बेहतर रास्तों के बारे में इसी अध्याय के 'कूदने के पूर्व—आर.एस.आई. द्वारा वास्तविकता-बोध' में बताया गया है।

ब्रेकआउट ट्रेडिंग प्रणाली

यदि आप ब्रेकआउट ट्रेडर हैं, तो वोलेटेलिटी इंडीकेटर्स (अस्थिरता संकेतक) अपना सौदा चुनने के लिए सबसे बेहतरीन संकेतक है। हम इसके लिए बोलिंगर बैंड (बी.बी.) को चुनेंगे और बताएँगे कि इन संकेतकों का अपनी ट्रेडिंग में कैसे उपयोग करें।

बोलिंगर बैंड (बी.बी.) स्क्वीज वह विचार है, जिसका अधिकांश ट्रेडर ब्रेकआउट सौदों को चुनने में उपयोग करते हैं। मूल रूप से, जब अस्थिरता कम होती है तो बी.बी. भी कम हो जाता है और इसे 'तूफान से पहले की शांति' विचार से जोड़कर देखा जा सकता है। किसी भी दिशा में ब्रेकआउट होना बड़ी धन-प्राप्ति का कारण बन सकता है।

चित्र 4.8—बी.बी. स्क्वीज को दरशाता भारत फिन का दैनिक चार्ट (ट्रेडिंग व्यू)

"वॉल स्ट्रीट वह एकमात्र स्थान है, जहाँ रॉल्स रॉयस में आनेवाले सब-वे में घूम रहे लोगों से सलाह लेते हैं।"

—वॉरेन बफे

चित्र 4.9—बी.बी. स्क्वीज को दरशाता भारत फाइनेंस का घंटेवार चार्ट (ट्रेडिंग व्यू)

जैसा कि भारत फाइनेंस के दैनिक और घंटेवार—दोनों चार्टों में दिखाई दे रहा है कि बी.बी. स्क्विज दोनों ही मामलों में मौजूद है, जिसके बाद ब्रेकआउट हो रहा है। अत: ब्रेकआउट ट्रेडर्स को अपनी ट्रेडिंग प्रणाली में बोलिंगर बैंड्स का उपयोग करना चाहिए।

व्यवहार पुनर्निर्धारण

ऑफिस जाने पर आप सबका अभिवादन करते हैं और अधिकांश समय पेशेवर ढंग से व्यवहार करते हैं। यदि आप बुद्धिमान हैं तो आप अपनी सभी चर्चाओं और बातचीत में व्यवहार-कुशल दृष्टिकोण रखते हैं। वहीं अपने घर वापस लौटने पर आपका अपने परिवार के साथ व्यवहार बिलकुल अलग होता है। आप अपने परिवार के साथ काफी अनौपचारिक ढंग से बात करते हैं और घर पर किसी तरह की व्यवहार-कुशल बातचीत नहीं करते। तत्पश्चात्, जब आप डिस्को जाते हैं तो वहाँ आप बिलकुल अलग किस्म के व्यक्ति होते हैं। आप चिल्लाते हैं, गाते हैं एवं संगीत पर नृत्य करते हैं और डिस्को में अच्छा समय बिताते हैं।

इसी तरह, सभी तकनीकी संकेतक विशिष्ट होते हैं और विभिन्न बाजार परिस्थितियों में अलग तरह से व्यवहार करते हैं। सभी अप ट्रेंड बाजार परिस्थितियों में एक सूचकांक का व्यवहार विशिष्ट होता है। यही संकेतक डाउन ट्रेंड बाजार परिस्थितियों में अलग तरह के विशिष्ट गुण दरशाता है और यही संकेतक साइडवेज

"हर बार जब आप कर्ज लेते हैं, अपना भविष्य स्वयं उजाड़ देते हैं।"
—नाथन डब्ल्यू. मॉरिस

मार्केट में एक अन्य तरह के विशिष्ट गुण दरशाता है। बुद्धिमान ट्रेडर्स अप ट्रेंड, डाउन ट्रेंड, साइडवेज और क्रम-रहित बाजार परिस्थितियों के व्यवहार का अध्ययन करके इस जानकारी का ट्रेडिंग संबंधी फैसलों में उपयोग करते हैं।

एक बार फिर हम आर.एस.आई. का उदाहरण के रूप में यह दिखाने के लिए उपयोग करेंगे कि विभिन्न बाजार परिस्थितियों में संकेतक किस तरह अलग व्यवहार करता है।

चित्र 4.10—अप ट्रेंड के दौरान आर.एस.आई. स्तर को 60 से ऊपर दरशाता आई.जी.एल. का दैनिक चार्ट (ट्रेडिंग व्यू)

चित्र 4.11—साइडवेज मार्केट के दौरान आर.एस.आई. को 40 और 60 से ऊपर दरशाता निफ्टी का दैनिक चार्ट (ट्रेडिंग व्यू)

"वैयक्तिक निवेशक को हमेशा निवेशक की तरह व्यवहार करना चाहिए, न कि सटोरिए की तरह।"

—बेन ग्राहम

चित्र 4.12—डाउन ट्रेंड मार्केट के दौरान आर.एस.आई. स्तर का 40 से नीचे जाना दरशाता निफ्टी का दैनिक चार्ट (ट्रेडिंग व्यू)

विभिन्न बाजारों में आर.एस.आई. के व्यवहार को देखने के बाद हम संक्षेप में कह सकते हैं कि—

विभिन्न बाजार परिस्थितियाँ	**आर.एस.आई. व्यवहार**
अप ट्रेंड	आर.एस.आई. 60 से अधिक
साइडवेज	आर.एस.आई. 40 से 60 के बीच
डाउन ट्रेंड	आर.एस.आई. 40 से नीचे

इसी तरह, आपको अपनी प्रणाली के अनुसार संकेतक को चुनकर सभी बाजार परिस्थितियों में इसके व्यवहार का अध्ययन करना चाहिए। इससे आपकी ट्रेडिंग की सफलता का अनुपात बढ़ जाएगा।

कूदने के पूर्व–आर.एस.आई. द्वारा वास्तविकता-बोध

ट्रेडिंग जगत् में रिलेटिव स्ट्रेंथ इंडेक्स (आर.एस.आई.) तकनीकी आकलन के लिए लोकप्रिय संकेतक है। इसकी खोज जे. वेलेस विल्डर ने सन् 1978 में की और इसे आमतौर पर सबसे अधिक 14–दिवसीय समयावधि में उपयोग किया जाता है। नीचे आर.एस.आई. के ऐसे दो महत्त्वपूर्ण मापदंड दिए गए हैं, जिन्हें ट्रेडर्स सौदा

"शेयर बाजार के लिए आपको जितने गणित की आवश्यकता है, वह आप चौथी कक्षा में सीख जाते हैं।"
—पीटर लिंच

करने में उपयोग कर सकते हैं—

1. अधिक लिवाली और अधिक बिकवाली परिस्थितियाँ
2. तेजी और मंदी विचलन।

इस भाग में आप अधिक लिवाली और अधिक बिकवाली के हालात की पारंपरिक परिभाषा देखने के साथ ही यह भी जानेंगे कि ट्रेडिंग के दौरान सिर्फ इन्हीं का उपयोग करना सही तकनीक क्यों नहीं है। यह अध्याय एक ऐसी वैकल्पिक पद्धति भी प्रदान करेगा, जिससे अधिक स्पष्टता और बेहतर परिणाम मिल सकेंगे।

पारंपरिक परिभाषाओं के अनुसार, 70 से ऊपर की कोई भी आर.एस.आई. गतिविधि को अधिक लिवाली माना जाता है और 30 से नीचे की किसी भी आर.एस. आई. गतिविधि को अधिक बिकवाली माना जाता है। अतः जब स्क्रिप्ट अधिक लिवाली स्थिति में हो तो उचित यही है कि अपनी पुरानी पोजीशन से बाहर निकल जाएँ या शॉर्ट ट्रेड की खोज करें। वहीं जब स्क्रिप्ट अधिक बिकवाली स्थिति में हो, तब नए क्रय अवसरों की खोज करें, जैसा कि नीचे निफ्टी के चित्र में दरशाया गया है।

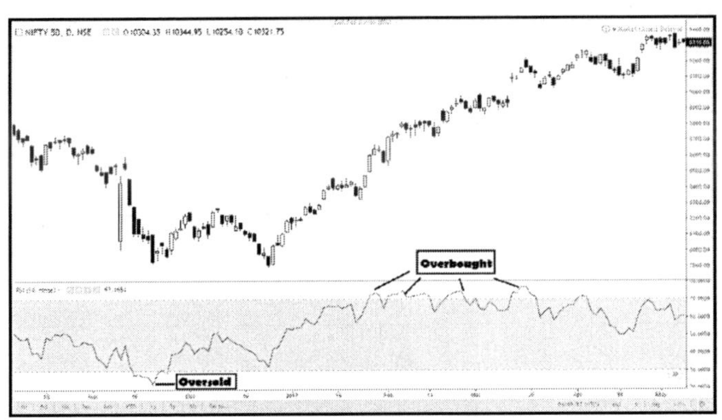

चित्र 4.13—निफ्टी में अधिक लिवाली और अधिक बिकवाली स्थितियाँ (ट्रेडिंग व्यू)

यदि आप अपनी ट्रेडिंग में उपर्युक्त अवधारणा का उपयोग करते हैं तो यह तय मानिए कि आपको सौदे में खराब परिणाम मिलेंगे और आपकी मूल पूँजी को अत्यधिक हानि होगी। ऐसा इसलिए, क्योंकि अप ट्रेंड बाजार में भाव आपके स्टॉप लॉस (मान लेते हैं कि आपने स्टॉप लॉस लगाया है) को कई बार स्पर्श करेंगे;

"अमीर लोगों के यहाँ टी.वी. छोटे और लाइब्रेरी बड़ी होती है तथा गरीब लोगों की लाइब्रेरी छोटी और टी.वी. बड़े होते हैं।"

—जिग जिग्लर

क्योंकि आप रुख के विपरीत ट्रेड कर रहे हैं। हालाँकि ऐसे में किसी पुरानी पोजीशन को बनाए रखना भी कोई अच्छा विचार नहीं है, क्योंकि आप अपनी पोजीशन को उस समय बंद कर देंगे, जब बाजार आपको और अधिक देने की तैयारी में है।

अधिक लिवाली

चित्र 4.14—एच.डी.एफ.सी. बैंक में अप ट्रेंड के दौरान 'अधिक लिवाली' स्थिति का विफल होना (ट्रेडिंग व्यू)

चित्र 4.15—सीएट लि. में अप ट्रेंड के दौरान 'अधिक लिवाली' स्थिति का विफल होना (ट्रेडिंग व्यू)

"ट्रेंड तब तक आपका मित्र रहता है, जब तक अंत में वह मोड़ नहीं ले लेता।"
—एड सेकोटा

यदि आप एच.डी.एफ.सी. बैंक और सीएट लि. के उपर्युक्त चित्रों पर नजर डालेंगे तो पाएँगे कि अधिक लिवाली स्थिति हर बार इसलिए विफल रही, क्योंकि शॉर्ट पोजीशन लेना ट्रेंड के विपरीत था (इस मामले में अप)। आपकी मूल पूँजी बच सकती है, यदि आपके पास एस.एल. योजना हो, अन्यथा उस स्थिति को सोचना आसान नहीं, यदि आप इस अवधारणा के आधार पर ट्रेड कर रहे हों और आपके पास एस.एल. योजना न हो।

अधिक बिकवाली

चित्र 4.16—रिलायंस इन्फ्रा में डाउन ट्रेंड के दौरान 'अधिक बिकवाली' स्थिति का विफल होना (उदाहरण-1) (ट्रेडिंग व्यू)

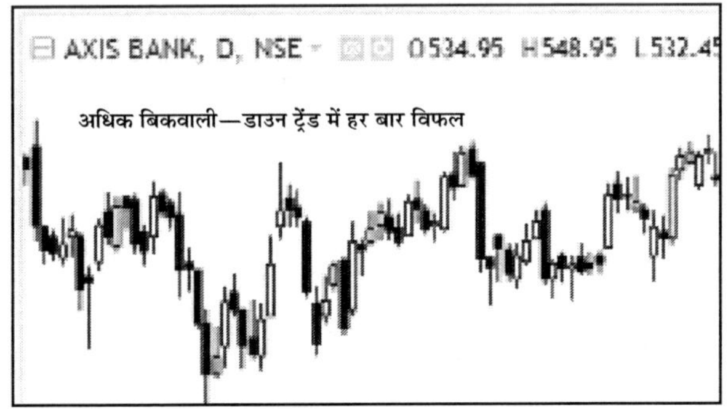

चित्र 4.17—एक्सिस बैंक में डाउन ट्रेंड के दौरान 'अधिक बिकवाली' स्थिति का विफल होना (उदाहरण-2) (ट्रेडिंग व्यू)

"निवेश जगत् का आधार 4-वर्षीय निम्नतम से समाप्त नहीं होता।
वह 10- या 15- के निम्नतम पर समाप्त होता है।"
—जिम रोजर्स

यदि आप रिलायंस इन्फ्रा और एक्सिस बैंक के उपर्युक्त चित्रों को देखें तो यहाँ अधिक बिकवाली स्थिति बेहद विफल हो जाती है, क्योंकि भाव हर उस जगह नए न्यूनतम निम्न तक पहुँच गए हैं, जहाँ अधिक बिकवाली की स्थिति बनी है; क्योंकि अधिक बिकवाली की स्थिति में खरीदना रुख के विपरीत (इस मामले में डाउन) है।

आर.एस.आई. के उपयोग का सही तरीका

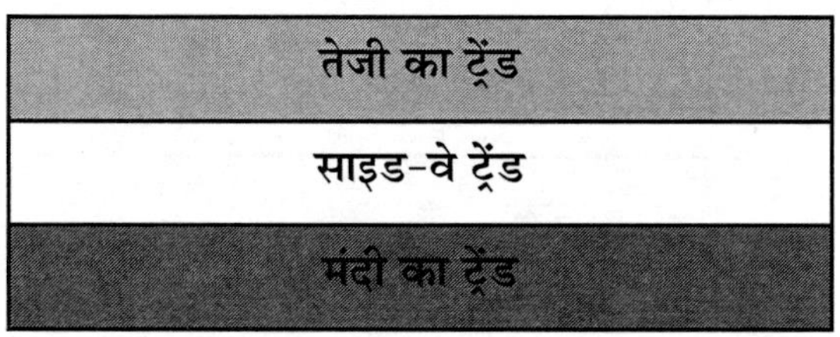

चित्र 4.18—ट्रेंड का खुलासा करनेवाला आर.एस.आई. जोन

उपर्युक्त चित्र आर.सी.आई. को उचित ढंग से उपयोग करने के बारे में बताता है। जब आर.एस.आई. का मूल्य 60 से ऊपर हो, तब आमतौर पर भावों में अप ट्रेंड होता है; जब आर.एस.आई. 40 से नीचे हो तो भावों में डाउन ट्रेंड होता है, और आर.एस.आई. 40 से 60 के बीच हो तो भाव साइड-वे जोन में होते हैं। इसे स्पष्ट रूप से समझने के लिए आगामी उदाहरण देखें—

चित्र 4.19- डाउन ट्रेंड के दौरान आर.एस.आई. के 40 से नीचे इन्फोसिस का चार्ट (ट्रेडिंग व्यू)

"निवेश वह ज्ञान है, जिससे बेहतरीन लाभ प्राप्त होता है।"
—बेंजामिन फ्रैंकलिन

चित्र 4.20—आर.एस.आई. के 60 से ऊपर रहते अप ट्रेंड दरशाता रिलायंस चार्ट (ट्रेडिंग व्यू)

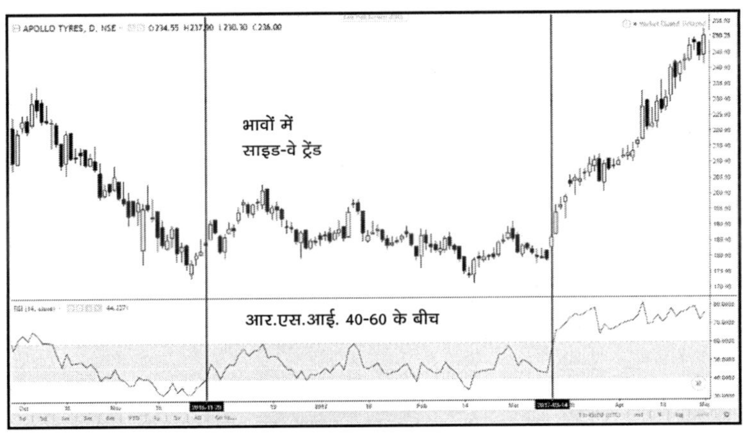

चित्र 4.21—आर.एस.आई. के 60 से ऊपर रहते अप ट्रेंड दरशाता अपोलो टायर्स चार्ट (ट्रेडिंग व्यू)

यह अवधारणा सभी समयावधि चार्ट्स पर लागू होती है, जिस क्षण आर.एस. आई. 60 से ऊपर चला गया। भाव तब तक अप ट्रेंड में रहते हैं, जब तक ये पुनः 60 को पार नहीं कर जाते। जब आर.एस.आई. 40 से 60 के बीच हो तो ये साइड-वे गतिविधि दरशाते हैं। जिस क्षण ये 40 तक टूट जाते हैं, डाउन ट्रेंड आरंभ हो जाता है।

"फर्क इस बात से नहीं पड़ता कि आपने कितना पैसा कमाया है, बल्कि कितना पैसा बचाया है, यह आपके लिए कितनी मेहनत कर रहा है और आप इसे कितनी पीढ़ी तक सँभाल पाते हैं।"

—रॉबर्ट कियोसाकी

पारंपरिक परिभाषा के अनुसार, जब भाव अधिकतम उच्च तक पहुँच जाएँ और आर.एस.आई. न्यूनतम उच्च पर हो, तब मंदी विचलन होता है तथा इस बिंदु पर शॉर्ट ट्रेड (या यदि आपके पास लॉन्ग पोजीशन होल्ड में हो तो निकासी) करना अच्छा रहता है। नीचे चित्र में यही दरशाया गया है।

चित्र 4.22—मंदी विचलन दरशाता निफ्टी चार्ट (ट्रेडिंग व्यू)

इसी तरह, जब भाव न्यूनतम निम्न तक पहुँच जाएँ और आर.एस.आई. उच्चतम निम्न पर हो तो यह तेजी विचलन होता है। ऐसे में इस बिंदु पर लॉन्ग ट्रेड (और यदि आपके पास शॉर्ट पोजीशन हो तो उसे बंद करने) की सलाह दी जाती है। इस स्थिति को नीचे चित्र में दरशाया गया है।

चित्र 4.23—आर.एस.आई. तेजी विचलन दरशाता बैंक निफ्टी चार्ट (ट्रेडिंग व्यू)

"यदि आप छोटा नुकसान नहीं उठा सकते तो आपको आगे चलकर बड़ा नुकसान उठाना पड़ सकता है।"
—एड सेकोटा

इन सिद्धांतों का उपयोग बुरा विचार क्यों है?

ये सिद्धांत हमेशा ट्रेंड के विपरीत ट्रेड करने और उच्च व निम्न को देखने का प्रयास करने की सलाह देते हैं। उदाहरण के लिए, अप ट्रेंड के दौरान मंदी विचलन निरंतर जारी रह सकता है, जिससे इस बिंदु पर शॉर्ट ट्रेड करना ट्रेंड के विपरीत है। आप यदि शीर्ष तक पहुँच भी जाते हैं तो भी आप अधिक पैसे नहीं कमा सकेंगे, क्योंकि अधिकांश रिटेल ट्रेडर्स के लिए इस पोजीशन पर बैठे रहना चुनौतीपूर्ण कार्य होगा।

नीचे दिए चार्ट मंदी विचलन की विफलता को दरशाते हैं।

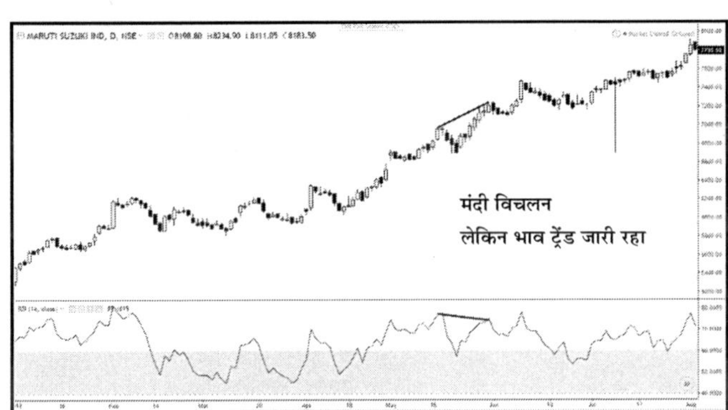

चित्र 4.24—मंदी विचलन की विफलता दरशाता मारुति चार्ट (ट्रेडिंग व्यू)

चित्र 4.25—मंदी विचलन की विफलता दरशाता एस्कॉर्ट्स चार्ट (ट्रेडिंग व्यू)

"गाहे-बगाहे बाजार कुछ ऐसा मूर्खतापूर्ण कर बैठता है, जिससे आपकी साँस अटक जाती है।"

—जिम क्रैमर

चित्र 4.26—मंदी विचलन की दोहरी विफलता दरशाता एच.डी.एफ.सी चार्ट (ट्रेडिंग व्यू)

चित्र 4.27—मंदी विचलन की तिहरी विफलता दरशाता निफ्टी चार्ट (ट्रेडिंग व्यू)

उपर्युक्त चित्रों से यह स्पष्ट हो जाता है कि अप ट्रेंड के दौरान भी मंदी विचलन लगातार आते रहते हैं, जिनमें शॉर्ट ट्रेड करना अच्छा विचार नहीं है, क्योंकि ये ट्रेंड के विपरीत हैं। इसी तरह, डाउन ट्रेंड के दौरान भी तेजी विचलन निरंतर आते रहते हैं। इनमें लॉन्ग पोजीशन लेने का विचार अच्छा नहीं है, बल्कि यह 'आ बैल मुझे मार' जैसी बात है।

"सफल योद्धा एक ऐसा औसत व्यक्ति है, जिसका ध्यान पूर्णत: केंद्रित है।"

—ब्रूस ली

अप्रकट विचलन (हिडन डायवर्जन्स)

निम्न कारणों से आर.एस.आई. अप्रकट विचलन (तेजी और मंदी) सौदा करने का सबसे बेहतरीन तरीका है—

1. सौदे रुख की दिशा में ही किए जाते हैं।
2. सफलता अनुपात पारंपरिक आर.एस.आई. विचलन से बेहतर है।
3. जोखिम-पुरस्कार अच्छा होता है, क्योंकि यह रुख उच्चतम होने तक जारी रहता है।

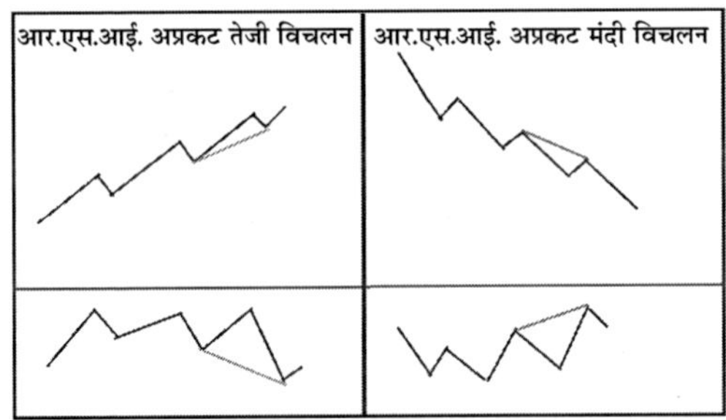

चित्र 4.28—आर.एस.आई. अप्रकट तेजी और मंदी विचलन

उपर्युक्त चित्र में अप्रकट तेजी तथा अप्रकट मंदी विचलन—दोनों का प्रारूप दरशाया गया है। यदि हम कुछ चार्ट देखेंगे तो हमारे लिए अप्रकट विचलन और इसके परिणामों को समझना आसान हो जाएगा।

चित्र 4.29—अप्रकट तेजी विचलन को दरशाता मारुति चार्ट (ट्रेडिंग व्यू)

"कभी भी हारने के भय को जीतने के उत्साह से ज्यादा न होने दें।"
—रॉबर्ट कियोसाकी

चित्र 4.30—अप्रकट तेजी विचलन को दरशाता सीएट लि. चार्ट (ट्रेडिंग व्यू)

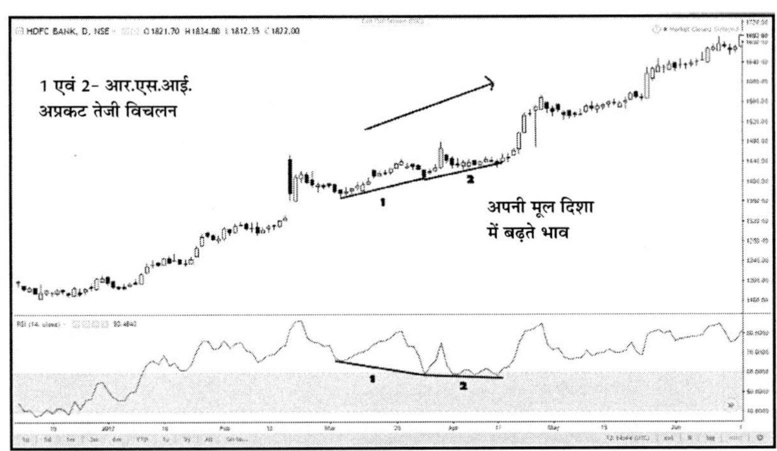

चित्र 4.31—अप्रकट तेजी विचलन को दरशाता एच.डी.एफ.सी. चार्ट (ट्रेडिंग व्यू)

"जो होना है, वह शायद ही कभी होता है, और जिसकी उम्मीद नहीं होती, वह अकसर हो जाता है।"
—जेसी लिवरमोर

चित्र 4.32– अप्रकट मंदी विचलन को दरशाता निफ्टी चार्ट (ट्रेडिंग व्यू)

चित्र 4.33—अप्रकट मंदी विचलन को दरशाता यस बैंक चार्ट (ट्रेडिंग व्यू)

"शेयर बाजार ऐसे लोगों से भरा पड़ा है, जो हर चीज की कीमत जानते हैं, लेकिन मोल किसी का नहीं जानते।"

—फिलिप फिशर

चित्र 4.34—अप्रकट मंदी विचलन को दरशाता सेल चार्ट (ट्रेडिंग व्यू)

यदि आप ऊपर दिए सभी चार्ट देखेंगे तो अप्रकट विचलन हमेशा रुख की दिशा में होता है, जिससे अप्रकट विचलन पर आधारित सौदा करना अच्छा विचार है (इसके लिए कैंडलस्टिक या एम.ए. जैसी अन्य पुष्टियों से भी सहायता ली जा सकती है), बजाय इसके कि साधारण विचलन पर सौदा किया जाए।

यहाँ बताए संकेतकों पर ही न चलें। यदि आप हमारी बात का सार समझ गए हैं तो आप सही मार्ग पर हैं।

□

"विश्वास कीजिए कि आप वहाँ पहुँच सकते हैं, बल्कि आधा रास्ता तय भी कर चुके हैं।"
—थियोडोर रूजवेल्ट

अध्याय-5

अभिमन्यु, जो प्रवेश जानता था, निकास नहीं

ट्रेडिंग योद्धा

अभिमन्यु महाभारत का ऐसा अकेला पात्र है, जो अपनी मृत्यु से भी प्रेरणा देता है। अधिकांश ट्रेडर्स महान् ट्रेडर्स की प्रेरणा से ट्रेडिंग में आए हैं। उन्हें अपने को दूसरों के लिए प्रेरणा के रूप में स्थापित करना अच्छा लगा। अभिमन्यु महान् योद्धा राजकुमार था, जिसने अपने पिता अर्जुन और मामा श्रीकृष्ण से अत्यंत गोपनीय युद्ध रणनीति प्राप्त की थी। अपनी सफलता की यात्रा में ट्रेडर्स विभिन्न स्रोतों से ज्ञान हासिल करते हैं और विभिन्न रणनीतियों का अभ्यास करते हैं।

अभिमन्यु का सबसे महान् गुण उसका आसन्न मृत्यु का सामना करते हुए भी युद्ध करने का संकल्प था। यद्यपि सभी ट्रेडर्स में से 95 प्रतिशत नुकसान उठाते हैं और सभी परेशानियाँ अस्थिर ट्रेडर्स के खिलाफ होती हैं। प्रत्येक ट्रेडर का लक्ष्य अपने आपको एक पेशेवर के तौर पर स्थापित करना और 5 प्रतिशत विजेताओं में शामिल करना होता है। व्यक्ति में योद्धा जैसी अभिवृत्ति होनी चाहिए, जिससे वह अपने को दिन-प्रतिदिन बतौर दक्ष ट्रेडर सुधार सके।

चक्रव्यूह एक सुरक्षात्मक सैन्य व्यूह-रचना थी। जब कौरवों ने पांडवों को चक्रव्यूह में व्यस्त रखने का निर्णय लिया, तब अभिमन्यु पांडवों की रक्षा हेतु आगे आया और उस व्यूह युद्ध में बिलकुल अकेले उतरा, क्योंकि सिर्फ वही जानता था कि उसमें प्रवेश कैसे करना है। अभिमन्यु की ही तरह बहुत से ट्रेडर्स ट्रेड में शामिल

"मैं सिर्फ इसलिए अमीर हूँ, क्योंकि मुझे पता होता है कि मैं कब गलत हूँ" बल्कि वस्तुतः मैं बचा ही इसलिए कि अपनी गलतियों को पहचान सका।"

—जॉर्ज सोरोस

होने के उत्तम प्रवेश बिंदुओं की जानकारी प्राप्त करते हैं। बाजार में पैसा कमाने के लिए ट्रेडर्स को पता होना चाहिए कि उन्हें बाजार की गतिशीलता के अनुसार कब और कैसे आक्रामक या सुरक्षात्मक होना है।

लेकिन दुर्भाग्यवश, अभिमन्यु ने चक्रव्यूह के सभी चक्रों को तोड़ने की तकनीक नहीं सीखी थी। इसी तरह, नौसिखिए ट्रेडर्स अंत में अपनी मूल पूँजी खो बैठते हैं और भाग्य को दोष देते हैं।

ट्रेडिंग के प्रति मानसिक अवरोधों-मिथकों को तोड़ना कुंजी है। व्यक्ति को खुले दिमाग वाला, बाजार से मिली जानकारी को ज्यों-का-त्यों लेनेवाला होना चाहिए, न कि निर्णायक होते हुए इस प्राप्त जानकारी पर अपनी पक्षपातपूर्ण राय बनाए। ट्रेडर को विफलता के दबाव में आने की जगह इसके पीछे का कारण खोजना चाहिए और निरंतर इस दबाव से निकलने का प्रयास करते रहना चाहिए।

तकनीक के बारे में अपने अपूर्ण ज्ञान के बावजूद अभिमन्यु ने व्यूह में प्रवेश किया और एक के बाद एक चक्रों को तोड़ता गया, जब तक वह सातवें चक्र तक नहीं पहुँच गया, जिसे तोड़ने का ज्ञान उसके पास नहीं था। बहुत से ट्रेडर्स बिना किसी तैयारी के ट्रेड में कूद पड़ते हैं। एक ट्रेडर के लिए केवल ट्रेड में उचित प्रवेश की जानकारी ही काफी नहीं होती। व्यक्ति को पोजीशन हासिल करना, जोखिम प्रबंधन, भावात्मक नियंत्रण और सबसे आवश्यक—निकास के प्रति जागरूक होना चाहिए।

अभिमन्यु जितना वीर और महत्त्वाकांक्षी था, उतनी ही बहादुरी और अदम्य साहस के साथ लड़ा भी; लेकिन सब बेकार गया। बतौर ट्रेडर आप इतने साहसी हो सकते हैं कि अपने सहज बोध के आधार पर ट्रेड कर सकें; लेकिन यदि आपको यह नहीं पता होगा कि जोखिमों और आगामी निकासी को कैसे प्रबंधित करें तो अंत में आप उस समय अपनी मूल कारोबारी पूँजी खो बैठेंगे, जब बाजार आपको गलत साबित करेगा।

अभिमन्यु की शक्ति और वीरता उसके विरोधी व्यूह रचनाकार योद्धाओं की तुलना में कुछ नहीं थी, जो उसके अंत का कारण बनी। रिटेल ट्रेडर्स अकसर संस्थागत निवेशकों, ऑपरेटर्स और इनसाइडर्स से चिंतित रह सकते हैं। जबकि वास्तव में, यदि आपने एक पूर्ण ट्रेड योजना बना रखी है तो ये सब मायने नहीं रखते। चतुराई से धन-प्राप्ति के खिलाफ जाते हुए यदि आप मौजूदा प्रवाह के अनुसार ट्रेड करते हैं तो आखिर में सकारात्मक परिणाम मिलने की संभावना बढ़ जाती है।

"शेयर खरीदते समय अपने आपसे पूछें कि क्या आप पूरी कंपनी को खरीदते?"
—रेने रिवकिन

महाभारत के युद्ध की वीरगाथा में अभिमन्यु कई मायनों में सबसे विशिष्ट रहा। मैं आशा करता हूँ कि बतौर ट्रेडर आप सफल ट्रेडर्स के उन गुणों का दृष्टांत ले सकें, जैसे समुचित ट्रेड योजना जिसमें प्रवेश, निकास, भावात्मक नियंत्रण, जोखिम प्रबंधन और ट्रेड प्रबंधन शामिल हों। बतौर ट्रेडर अपनी ट्रेडिंग में सफल होने के लिए एक योद्धा की प्रवृत्ति विकसित करें। याद रखिए, यदि अभिमन्यु निकास की कला को जाने तो उसकी कहानी कुछ अलग होती।

पेड़ काटने के लिए कुल्हाड़ी को पैना करें

ट्रेडर बनना एक कौशलपूर्ण खेल है। किसी भी खेल में यदि आप जीतने की मंशा रखते हैं तो आपको खेल के बारे में पहले से ही जानकारी होनी चाहिए। आपको प्राप्त जानकारी के आधार पर उसी के अनुसार योजना बनानी होगी। ट्रेडर के दृष्टिकोण से इसे 'ट्रेड योजना' कहा जाता है। बहुत से सफल ट्रेडर्स अपनी ट्रेड योजना को अत्यधिक महत्त्व देते हैं। बतौर ट्रेडर, आपको किसी भी ट्रेड में शामिल होने के पूर्व कम-से-कम पाँच निम्नलिखित पहलुओं की जानकारी होनी ही चाहिए—

1. आपकी प्रवेश क्रियाविधि के अनुसार, आपका निकास बिंदु कहाँ हो?
2. यदि आपका आकलन गलत रहा या ट्रेड प्रारूप विफल रहा तो आपका स्टॉप लॉस कहाँ रहेगा?
3. आपकी निकास क्रियाविधि के आधार पर आपकी मुनाफा-वसूली का अपेक्षित निकास कहाँ होगा?
4. इस खास ट्रेड में आप कितनी राशि का जोखिम ले रहे हैं?
5. आप अपने संपूर्ण पोर्टफोलियो के आधार पर इस खास ट्रेड में कितनी राशि का जोखिम ले रहे हैं?

हर बार, इससे पहले कि आप सौदा करें, उपर्युक्त प्रश्नों के उत्तर देने से आपको आपकी ट्रेड योजना बनाने में मदद मिलेगी। आप कम-से-कम उन 95 प्रतिशत ट्रेडर्स से एक कदम आगे होंगे।

प्रवेश का महत्त्व

भले ही आपकी ट्रेडिंग साख एवं ज्ञान और बाजार के प्रति आपका अनुभव कैसा भी हो, सिर्फ प्रवेश और निकासी ही आपके ट्रेड का भाग्य तय करती है। प्रवेश

"पैसा इस दुनिया की सबसे जरूरी चीज नहीं है, प्यार है। सौभाग्यवश, मैं पैसे से प्यार करता हूँ।"
—जैकी मैसन

ट्रेड का पहला कदम है और इसे सटीक होना चाहिए, जिससे यह आपकी ट्रेडिंग सफलता को बढ़ा सके।

ट्रेंड अनुसरण प्रणाली के आधार पर प्रवेश

नीचे कुछ महत्त्वपूर्ण पहलू दिए गए हैं, जिनका ट्रेंड अनुसरण प्रणाली के दौरान प्रवेश करने से पूर्व ध्यान रखना चाहिए—

- स्पष्ट व स्थापित ट्रेंड। आपका ट्रेड हमेशा बाजार के रुख की दिशा में ही होना चाहिए।
- भाव सपोर्ट ट्रेंड लाइन पर (लॉन्ग ट्रेड की अवस्था में) या रेसिस्टेंस ट्रेंड लाइन (शॉर्ट ट्रेड की अवस्था में) पर होने चाहिए।
- कैंडलस्टिक द्वारा पुष्टि

चित्र 5.1—आदर्श प्रवेश बिंदु दरशाता मदरसन सुमी का दैनिक चार्ट (ट्रेडिंग व्यू)

यदि आप मदरसन सुमी के उपर्युक्त चार्ट पर नजर डालें तो इसमें ट्रेंड स्पष्ट रूप से ऊपर की ओर है, भाव ट्रेंड लाइन के निकट हैं और बुलिश हरामी एंड हैमर के माध्यम से कैंडलस्टिक पुष्टि भी हो गई है। अत: हैमर से 1–2 बिंदु ऊपर खरीदना एक आदर्श प्रवेश बिंदु है, और एस.एल. हैमर के निम्न से 1–2 बिंदु नीचे होना चाहिए। यह सिद्धांत सबसे सुरक्षित प्रवेश बिंदु प्रदान करता है और इसलिए यहाँ भाव के उच्चतम स्तर पर ट्रेड होने की पूरी संभावना है।

"यदि आप शेयर बाजार में 20 प्रतिशत नुकसान की कल्पना से परेशान हैं तो आपको शेयरों का काम नहीं करना चाहिए।"

—जॉन बोगल

चित्र 5.2—आदर्श प्रवेश बिंदु दरशाता रिलायंस का दैनिक चार्ट (ट्रेडिंग व्यू)

इसी प्रकार, उपर्युक्त रिलायंस स्क्रिप्ट में ट्रेंड स्पष्ट रूप से नीचे की तरफ है, भाव रेसिस्टेंस ट्रेंड लाइन के निकट हैं और हमने इसकी मंदी पिन बार के माध्यम से पुष्टि भी की है। अतः शॉर्ट ट्रेड के लिए आदर्श प्रवेश बिंदु पिन बार में न्यूनतम के 1-2 बिंदु नीचे, पिन बार के उच्च से 1-2 बिंदु के स्टॉप लॉस पर है। यह सबसे सुरक्षित प्रवेश है, क्योंकि भाव का एस.एल. को स्पर्श करना ट्रेंड में परिवर्तन का सूचक है।

ट्रेंड रिवर्सल प्रणाली में प्रवेश

ट्रेंड रिवर्सल प्रणाली में सौदा चुनने के लिए ट्रेडर्स बहुत सी विभिन्न पद्धतियों का उपयोग करते हैं, जैसे सरल ट्रेड लाइन ब्रेकआउट, डाऊ के सिद्धांत के अनुसार या किसी भी संकेतक के अनुसार रिवर्सल। फिर भी, यदि आप ट्रेंड रिवर्सल प्रणाली के तहत किसी भी ट्रेड को अंजाम देना चाहते हैं तो आपको निम्न पहलुओं का ध्यान रखना चाहिए—

1. डाऊ सिद्धांत अवधारणा—यदि आप किसी स्क्रिप्ट में लॉन्ग ट्रेड हेतु अधिकतम निम्न/उच्च की खोज कर रहे हैं या शॉर्ट ट्रेड हेतु न्यूनतम निम्न/उच्च की खोज कर रहे हैं तो यह अप ट्रेंड में मिलेगा।
2. रिवर्सल के दौरान मात्रा की पुष्टि करना।
3. कैंडलस्टिक पुष्टि।

"आपके पास जो है, उसे जानिए और समझिए कि वह आपके पास क्यों है!"
—पीटर लिंच

चित्र 5.3—आदर्श प्रवेश बिंदु दरशाता सीएट लि. का दैनिक चार्ट (ट्रेडिंग व्यू)

उपर्युक्त चित्र सीएट लि. का दैनिक चार्ट दरशाता है, जिसमें स्पष्ट डाउन ट्रेंड है। मध्य फरवरी में भाव अधिकतम न्यून तक पहुँच गए, जो डाऊ सिद्धांत के दृष्टिकोण की आवश्यक पुष्टि करता है। बाद में हम रेसिस्टेंस ट्रेंड लाइन पर मात्रा के साथ ही स्पष्ट ब्रेकआउट देख सकते हैं। अत: लॉन्ग ट्रेड के लिए आदर्श प्रवेश ब्रेकआउट कैंडल के उच्चतम से अधिक होगा, जिसमें एस.एल. स्विंग न्यून से नीचे लगानी होगी। आप नीचे दिए चित्र में ट्रेड के परिणाम देख सकते हैं।

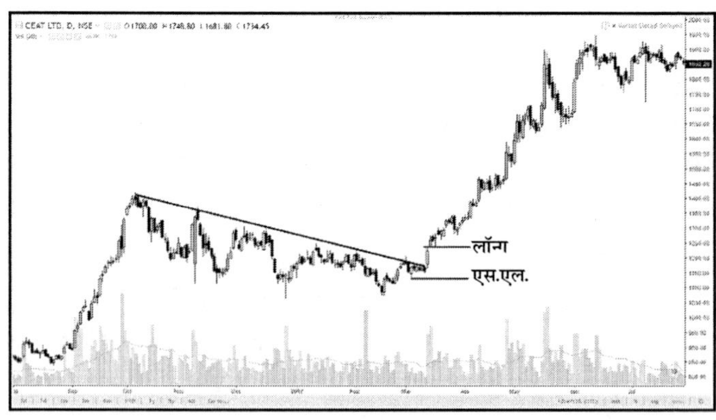

चित्र 5.4—ट्रेड परिणाम दरशाता सीएट लि. का दैनिक चार्ट (ट्रेडिंग व्यू)

"मैं सिर्फ इसलिए अमीर हूँ, क्योंकि मुझे पता होता है कि मैं कब गलत हूँ˙˙ बल्कि वस्तुत: मैं बचा ही इसलिए कि अपनी गलतियों को पहचान सका।"

—जॉर्ज सोरोस

चित्र 5.5—आदर्श प्रवेश बिंदु दरशाता निफ्टी का दैनिक चार्ट (ट्रेडिंग व्यू)

उपर्युक्त निफ्टी दैनिक चार्ट स्पष्ट अप ट्रेंड दरशाता है। अंत में, भाव अधिकतम न्यून तक पहुँच गए, जो डाऊ सिद्धांत की पहली पुष्टि है और तब भाव ने सपोर्ट ट्रेंड लाइन को अच्छी मात्रा में तोड़ा, जिससे बाकी की पुष्टि भी हो गई। इस तरह शॉर्ट ट्रेड के लिए आदर्श प्रवेश ब्रेकआउट कैंडल के न्यून से नीचे रहा, जिससे एस.एल. पिछले उच्च स्विंग से अधिक रहा।

चित्र 5.6– ट्रेड परिणाम दरशाता निफ्टी का दैनिक चार्ट (ट्रेडिंग व्यू)

"आप बाजार को नहीं चला सकते, आप सिर्फ अपने को चला सकते हैं।"

—अज्ञात

ब्रेकआउट/ब्रेकडाउन प्रणाली से संबंधित प्रवेश

ब्रेकआउट/ब्रेकडाउन प्रणाली में झूठे ब्रेकआउट (या फेक हेड) का खतरा अत्यधिक रहता है। ट्रेडर को ब्रेकआउट कैंडल की ट्रेंड लाइन (किसी भी समयावधि के भीतर) को पार कर जाने की प्रतीक्षा करनी चाहिए। फिर भी, समस्या केवल यह है कि कई बार भाव ब्रेकआउट कैंडल में काफी आगे तक बढ़ जाते हैं और आप आखिर में अपने बड़े एस.एल. के कारण कम शेयरों का सौदा कर पाते हैं। इस समस्या से निपटने का एक और तरीका यह है कि भाव के रुख एवं मात्रा पर नजर रखी जाए और अधिकांशत: ब्रेकआउट के रुख की दिशा में होने की अधिक संभावना रहती है। इसके साथ ही ट्रेडर्स ब्रेकआउट के बाद पुलबैक की प्रतीक्षा भी कर सकते हैं।

चित्र 5.7—ब्रेकडाउन को दरशाता ग्लेनमार्क का दैनिक चार्ट (ट्रेडिंग व्यू)

यदि आप ग्लेनमार्क के उपर्युक्त चार्ट को देखेंगे तो स्पष्ट ब्रेकडाउन दिखाई देगा। फिर भी ब्रेकडाउन कैंडल सपोर्ट ट्रेंड लाइन से काफी नीचे बंद हुई है, जिससे जोखिम बढ़ गया है (क्योंकि एस.एल. ब्रेकआउट कैंडल के उच्च से अधिक है)।

“‘सूचकांक को हराने’ का केवल एक ही तरीका है—शेयर बाजार के अतिरिक्त कहीं और निवेश करें। आप ऐसा क्यों करेंगे, जब दीर्घकालीन जोखिम और प्रतिफल डाटा का एकमात्र स्रोत सूचकांक है?”

—हेबनर, मार्क

चित्र 5.8– ब्रेकआउट को दरशाता जे.पी. एसोसिएट्स का दैनिक चार्ट (ट्रेडिंग व्यू)

जे.पी. एसोसिएट्स का उपर्युक्त चार्ट ट्रेंड लाइन से उचित मात्रा सहित स्पष्ट ब्रेकआउट दरशाता है। इस मामले में ब्रेकआउट कैंडल ट्रेंड लाइन से बहुत नीचे नहीं गई है, और इसलिए ब्रेकआउट ट्रेडर्स ब्रेकआउट कैंडल के उच्च से अधिक से अपने एस.एल. को पिछले कैंडल के निम्न से नीचे (या स्विंग निम्न से नीचे) रखते हुए इस लॉन्ग ट्रेड से प्रवेश कर सकते हैं। यह ऐसा सबसे सुरक्षित प्रवेश-बिंदु प्रदान करता है, जहाँ जोखिम सबसे कम है।

चित्र 5.9—ब्रेकआउट को दरशाता हिंदुस्तान जिंक का दैनिक चार्ट (ट्रेडिंग व्यू)

"यदि आप जानना चाहते हैं कि ईश्वर पैसों के बारे में क्या सोचते हैं तो बस, उन लोगों को देखें, जिन्हें उसने ये दिया है।"

—डोरोथी पार्कर

ब्रेकआउट ट्रेड का एक अन्य विकल्प ब्रेकआउट के बाद पुलबैक की प्रतीक्षा करने पर मिलता है। यह भी एक कम जोखिम वाला आदर्श प्रवेश-बिंदु प्रदान करता है, जैसा उपर्युक्त चित्र में दरशाया गया है। हालाँकि इस पद्धति में कुछ शेयरों में ऐसे समय पुलबैक न मिलने का जोखिम रहता है, जब ब्रेकआउट की दिशा में अधिक मजबूती दिखा रहे हों।

सीमांकन खेल

स्टॉप लॉस क्या होता है?

स्टॉप लॉस और कुछ नहीं, बस एक भाव-बिंदु है, जो आपके ट्रेड आकलन का उस समय संकेत करता है, जब प्रवेश गलत हो जाए या एक तार्किक स्तर पर स्टॉप लगाने की आवश्यकता हो, जहाँ ट्रेडर को समझ आ जाए कि ट्रेड की दिशा गलत है।

बाजार में करोड़ों रुपए कमाने के असीमित अवसर मौजूद हैं; लेकिन यदि आपके पास उन्हें हासिल करने के लिए मूल पूँजी ही न हो तो? बहुत से विफल ट्रेडर लीवरेज का उपयोग कर पोजीशन लेने और समुचित जोखिम का समुचित आकलन न करने की गलती कर बैठते हैं। ऐसे मामलों में उनके खिलाफ एक भी गलत बात उनकी पूँजी हानि का कारण बन जाती है। ट्रेडर के जीवन में ऐसे निराशापूर्ण हालात से बचने के लिए यही सलाह है कि अपने प्रत्येक ट्रेड पर हानि को सीमित करें, जिससे यह सुनिश्चित हो सके कि ट्रेडिंग के दौरान आपको नुकसान नहीं उठाना पड़ेगा। यही सीमांकन क्षेत्र स्टॉप लॉस है। जैसा कि नाम से पता चलता है, यदि आपने नुकसान को नहीं रोका तो कोई छोटा नुकसान सबसे बड़े नुकसान में भी परिवर्तित हो सकता है।

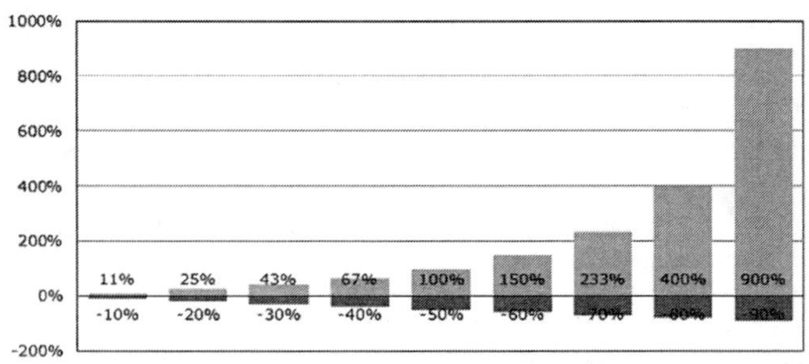

चित्र 5.10—हानि की पूर्ति हेतु लाभ

"शेयर बाजार में 90 प्रतिशत पेशेवरों और शौकीन लोग एक जैसे होते हैं, जिनकी तैयारी पर्याप्त नहीं होती।"
—विलियम जे. ओ'नील

चित्र व तसवीर यह ज्यादा बयान कर देते हैं। यदि आपको अपनी कुल ट्रेडिंग पूँजी में से 50 प्रतिशत का नुकसान हुआ है, तो आपको केवल संतुलन स्तर बनाए रखने के लिए 100 प्रतिशत कमाना होगा। यही कारण है कि आप उचित एस.एल. का उपयोग कर जिस तरह प्रति ट्रेड जोखिम और पोर्टफोलियो स्तर के जोखिम का प्रबंधन करते हैं, वही आपकी सफलता को परिभाषित करता है।

रोमांचक निकास

आपने एक सौदा किया। आपको इसमें नुकसान हुआ या आपने पैसे कमाए, यह आप केवल निकास के बाद ही जान सकते हैं। अत: निकास महत्त्वपूर्ण भूमिका निभाता है, क्योंकि यह आपके ट्रेड की पूर्णता का सूचक है। बहुत सारे प्रवेश प्रकार होने के बावजूद ऐसे विश्वसनीय निकास प्रकार बहुत कम हैं, जिनका सफल ट्रेडर उपयोग करते हैं। हर बार जब भी कोई ट्रेडर ट्रेड से बाहर निकलता है, उसके निकास प्रकार के आधार पर उसके साथ भावनाएँ जुड़ी होती हैं। आपकी निकास योजना के आधार पर आपका ट्रेड निष्पादन तथा इसके साथ ही उभरनेवाली भावनाओं संबंधी जानकारी यहाँ दी जा रही है।

जोखिम-पुरस्कार आधारित निकास

आम भाषा में आपके एस.एल. और आपके प्रवेश को 'जोखिम' कहा जाता है, जिसे हम संक्षेप में 'आर' कहते हैं। मान लीजिए, आप 100 रुपए पर प्रवेश करते हैं और आपका एस.एल. है 90 रुपए। इस मामले में आपका 'आर' = 10 रुपए हुआ।

आपकी अपेक्षित निकासी 1 आर पुरस्कार होगा 110 रुपए और 2 आर पुरस्कार होगा 120 रुपए आदि।

जोखिम–पुरस्कार आधारित निकास मोटे तौर पर दो हालात में हो सकता है। ट्रेडर पूर्व निर्धारित 'आर' को लेकर उत्साहित हो सकता है, और निकास के बाद शेयर गिर जाता है। एक अन्य परिदृश्य में, उसके पूर्व निर्धारित निकास के फौरन बाद शेयर के भाव में उछाल आता है और वह हाथ मलता रह जाता है। इन हालात में उसे दु:खी नहीं होना चाहिए, क्योंकि उसने अपनी ट्रेड योजना को निष्पादित करते हुए अपने नियमों का सम्मान किया। हालात चाहे जैसे भी हों, ट्रेडर को ऐसी क्षमता विकसित करनी चाहिए कि वह अपनी भावनाओं को नियंत्रित करते हुए अपनी ट्रेड

"जीत हो या हार, व्यक्ति को इस बाजार से जो चाहिए, उसे वह सब मिलता है। कुछ लोग हारने के इच्छुक प्रतीत होते हैं, इसलिए वे पैसा गँवाने में जीतते हैं।"

—एड सेकोटा

योजना को फिर से लागू करने के कौशल को बढ़ा सके।

चित्र 5.11—स्थिर आर.आर. दरशाता विप्रो का दैनिक चार्ट (ट्रेडिंग व्यू)

जब आप विप्रो का ऊपर दिया दैनिक चार्ट देखते हैं तो इस ट्रेड योजना में विप्रो को ब्रेक पर 254 के सपोर्ट और 261.5 के एस.एल. पर शॉर्ट करना है। इस मामले में निकासी 1:2 आर.आर. निर्धारित होता है, और इसलिए 238 पर लिमिट बाय ऑर्डर दिया जा सकता है।

एक बार भाव स्तर के 238 तक पहुँचते ही हमारा लिमिट बाय ऑर्डर शुरू हो जाएगा और हम ट्रेड से बाहर होंगे।

ट्रेल एस.एल. आधारित निकास

मान लीजिए, आपने 500 रुपए पर शेयर खरीदा और आपका पूर्व निर्धारित स्टॉप 480 रुपए है। इस मामले में शुरुआती स्टॉप लॉस 20 रुपए है। सौदा होने के बाद मान लेते हैं कि शेयर के भाव बढ़कर 540 रुपए पर पहुँच जाते हैं और ट्रेडर अपने स्टॉप लॉस को 520 रुपए कर देता है। कुछ दिनों बाद शेयर के भाव फिर से नीचे आते हैं और उसके परिवर्तित एस.एल. पर पहुँच जाते हैं। इस पर भी उसने प्रति इकाई 20 रुपए बना लिये।

शेयर के अपेक्षित दिशा में गति करने पर अपने आरंभिक स्टॉप लॉस में बदलाव करने की प्रक्रिया को 'ट्रेलिंग स्टॉप लॉस (टी.एस.एल.) आधारित निकास' कहा जाता है। जो ट्रेडर्स निकास में टी.एस.एल. पद्धति का उपयोग करते हैं, उनकी प्रवृत्ति

"बाजार आज भी वैसे ही हैं जैसे पाँच या दस साल पहले हुआ करते थे, क्योंकि ये आज भी उसी तरह बदल रहे हैं, जैसे तब बदला करते थे।"

—एड सेकोटा

बाय पोजीशन में रहने पर हालिया स्विंग के निम्न से नीचे स्टॉप लॉस ट्रेलिंग का प्रयोग करने की और सेल (विक्रय) पोजीशन में रहने पर एस.एल. को स्विंग के उच्च पर से ऊपर ट्रेल करने की रहती है। कुछ ट्रेडर केवल तभी ट्रेल करते हैं, जब उनका प्रवेश भाव एक विशिष्ट भाव क्षेत्र के पार हो जाए और उसके बाद से वे भाव गतिविधि की दिशा में ट्रेलिंग करना जारी रखते हैं।

वे ट्रेडर्स, जो निकास के लिए टी.एस.एल. का उपयोग करते हैं, उनके लिए मुख्यत: ऐसे दो परिदृश्य हो सकते हैं, जिनमें भावनाएँ उनकी मूल योजना को बाधित कर सकती हैं। ट्रेड प्रवेश के पश्चात् उसके आपकी अपेक्षित दिशा में प्रदर्शन करने में कुछ समय लग सकता है। सिर्फ इसलिए कि ट्रेड आपकी अपेक्षाओं पर खरा नहीं उतर रहा, आपको अपनी योजना के विपरीत अपने स्टॉप लॉस में बदलाव नहीं करना चाहिए। वहीं दूसरे मामले में, जब ट्रेड आपकी अपेक्षित दिशा में गति करने लगे तो ट्रेलिंग की जगह आपको बड़ा रिटर्न प्राप्त हो सकता है और इस मुनाफे को हासिल करना आपके लिए बहुत उत्साहजनक अनुभव हो सकता है। ट्रेड के गति करने में अधिक समय लगने पर व्याकुल होने और ट्रेड से बड़ा मुनाफा होने से मिलनेवाली उत्तेजना को नियंत्रित करना महत्त्वपूर्ण है और आप इन अनुभूतियों को किस तरह प्रबंधित करते हैं, यही आपका ट्रेडर होना साबित करता है।

चित्र 5.12—ट्रेल एस.एल. निकास दरशाता विप्रो का दैनिक चार्ट (ट्रेडिंग व्यू)

यदि आप उपर्युक्त विप्रो के दैनिक चार्ट को देखते हैं तो इसमें ट्रेंड लाइन

"यदि आप धन का मोल समझना चाहते हैं तो जरा किसी से उधार लेने का प्रयास करें।"
—बेंजामिन फ्रैंकलिन

पर ब्रेकआउट के बाद प्रवेश किया गया है और भाव 2 हैमर कैंडल के माध्यम से कैंडलस्टिक पुष्टि करने के साथ-ही-साथ पुलबैक अवसर भी प्रदान करता है। स्टॉप लॉस को हैमर के निम्न से नीचे लगाया जा सकता है।

जब भाव अपेक्षित दिशा में बढ़ रहे हों और पिछला स्विंग उच्च ब्रेक हो जाए तो अपना एस.एल. 'ट्रेल एस.एल.(1)' से आगे बढ़ाना होगा, जैसा चित्र में दरशाया गया है। जब भाव का आगे बढ़ना जारी रहे और यह पिछले स्विंग उच्च को एक बार फिर ब्रेक कर दे तो हम अपने एस.एल. को 'ट्रेल एस.एल. (2)' पर बढ़ाना होगा, जैसा चित्र में दिखाया गया है।

हमें इस प्रक्रिया को तब तक जारी रखना चाहिए, जब तक भाव हमारे एस.एल. तक न पहुँच जाएँ, क्योंकि हम इसकी उच्चतम संभावना को कभी नहीं जान सकते और इस ट्रेल एस.एल. के माध्यम से हम अधिकतम लाभ अर्जित करने का प्रयास कर सकते हैं।

उपर्युक्त चार्ट में भाव हमारे 'ट्रेल एस.एल.(4)' तक पहुँच गए और हमने 50 बिंदुओं (प्रवेश 230 पर, निकास 280 पर) का शानदार रिटर्न हासिल किया।

समय-आधारित निकास

कुछ ट्रेडर्स अपने निकास का आधार उस समयावधि को बनाते हैं, जिसे उन्होंने ट्रेड आकलन के लिए चुना है। उदाहरण के लिए, एक ऐसे इंट्रा-डे ट्रेडर की कल्पना कीजिए, जो अपने आकलन में 15 मिनट का समय लगाता है। वह अपने निकास ऑर्डर आने के लिए अगले 15 मिनट तक या 15 मिनट के गुणनफल में एक घंटे तक प्रतीक्षा करता है। यदि ट्रेड उसकी इच्छानुसार प्रदर्शन नहीं करता तो वह बिना इस बात की चिंता किए कि भाव इस वक्त कहाँ पर हैं, पिछले दिए निकास ऑर्डर को रद्द कर सकता है।

इन हालात में उसके निकलने के बाद संभव है कि उसका ट्रेड उसके पक्ष में प्रदर्शन करने लगे, जो उसकी निराशा और इस विचार का कारण बन सकता है कि उसे थोड़ी और प्रतीक्षा करनी चाहिए थी। वहीं दूसरी ओर, दिशा विपरीत भी हो सकती है। ऐसा होने पर वह सही समय पर निकास कर लेने के लिए अपने आपको खुशनसीब समझेगा। बाजार को समझने के लिए अपने आवेग को नियंत्रित करना बहुत जरूरी है, अन्यथा इन भावनाओं को नुकसान उसके आगामी ट्रेड पर भी होगा।

"पैसा मौसम से बिलकुल विपरीत है। इसके बारे में बात कोई नहीं करता, लेकिन हर कोई इसके लिए कुछ अवश्य करता है।"

—रेबेका जॉनसन

चित्र 5.13—समयाधारित निकास को दरशाता निफ्टी का 15 मिनट चार्ट (ट्रेडिंग व्यू)

यदि उपर्युक्त निफ्टी के 15 मिनट चार्ट को देखें। इसमें उस समय लॉन्ग एंट्री तब की जा सकती है, जब भाव रेसिस्टेंस को तोड़े, जब एस.एल. ब्रेकआउट कैंडल के निम्न से नीचे हो या उस दिन पिछले स्विंग निम्न से नीचे हो।

हालाँकि भाव अपेक्षित ब्रेकआउट नहीं दे रहे और उस दिन भाव समान स्तर पर बंद हो गए। अतः इस मामले में यदि आप इंट्रा-डे ट्रेडर हैं तो किसी भी प्रकार के रात्रि-पर्यंत जोखिम से बचने के लिए आपको लॉन्ग पोजीशन को बंद करना होगा।

डायनेमिक निकास

इस उन्नत प्रकार का उपयोग पेशेवर ट्रेडर्स करते हैं। यह सभी तरह की बाजार परिस्थितियों में अधिकतम मुनाफे के लिए जोखिम-पुरस्कार, ट्रेल एस.एल. और समयाधारित निकास को जोड़ता है।

उदाहरण के लिए, पोजीशन खरीदने के बाद एक विशेषज्ञ ट्रेडर संभवतः 1:2 के जोखिम-पुरस्कार पर अपने 50 प्रतिशत पोजीशन से निकास का फैसला करता है और बाकी पोजीशन को एस.एल. ट्रेल द्वारा जारी रखता है। जब भाव उसकी ट्रेड दिशा में आगे बढ़ने लगता है तो वह प्रत्येक स्विंग चरम पर अपने एस.एल. को कुछ बिंदु ट्रेल करता है। यदि भाव साइडवेज जाते हैं तो वह मौजूदा पोजीशन से निकास का फैसला ले सकता है।

"अपनी ट्रेडिंग प्रणाली से कभी विवाद न करें।"

—माइकल कॉवेल

बाजार गतिविधियों को मिलाने के लिए और अपनी ट्रेड योजना के सभी निकास प्रकारों का ध्यान रखने में अनुकूल निष्पादन बेहद महत्त्वपूर्ण भूमिका निभाता है। इसके अतिरिक्त, एक ट्रेडर को दो परिस्थितियों में अपनी भावनाओं को नियंत्रित रखना चाहिए।

1. जब वो 50 प्रतिशत की पोजीशन पर निकल जाए और इसके बाद भाव में बड़ा बदलाव हो, जिससे उसका मुनाफा 50 प्रतिशत रह जाए।
2. जब पहली निकासी के बाद भाव वापस गिरें और उसकी ट्रेल एस.एल. तक पहुँच जाएँ, जिससे मुनाफा 50 प्रतिशत तक कम हो जाए।

डायनेमिक निकास का एक सबसे बड़ा फायदा यह होता है कि दोनों ही मामलों में ट्रेडर फायदे में रहता है।

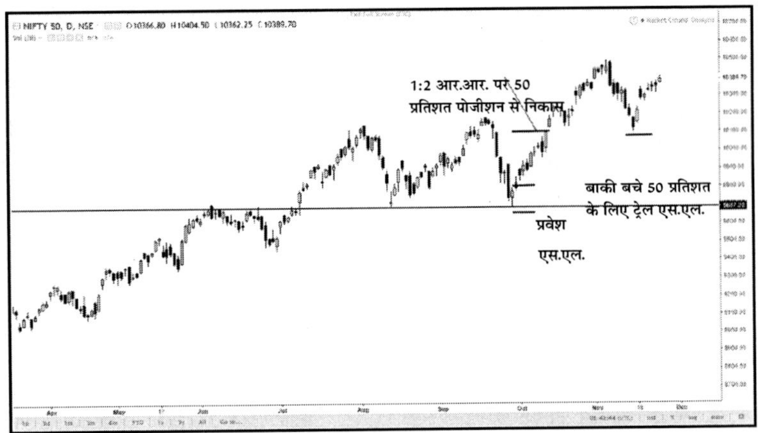

चित्र 5.14—डायनेमिक निकास दरशाता निफ्टी का दैनिक चार्ट (ट्रेडिंग व्यू)

आकस्मिक निकास

कई बार ट्रेडर को बाहरी परिवेश की आकस्मिक गतिविधियों के आधार पर अपनी पोजीशन से निकलना पड़ जाता है। इनका कारण तकनीकी गड़बड़, ब्लैक स्वानइवेंट (अचानक घटी घटना) या पैसों की आवश्यकता जैसे निजी कारण भी हो सकते हैं। कुछ ट्रेडर अपनी भावनाओं पर काबू नहीं रख पाते और अपनी मूल योजना के विपरीत अपनी पोजीशन से निकास कर जाते हैं। इन्हें निश्चित रूप से

"पूर्णता कभी नहीं मिल सकती; लेकिन यदि हम पूर्णता का प्रयास करें तो उत्कृष्टता तक पहुँच सकते हैं।"
—विंस लोम्बार्डी

आकस्मिक निकास नहीं माना जाना चाहिए, बल्कि इन्हें भावना संबंधी कारण के तौर पर देखा जाना चाहिए।

यदि व्यक्ति यहाँ बताए निकास के अतिरिक्त और किसी तरीके को चुनता है तो इसे अंधा निकास माना जाए। सबसे अच्छा यही रहेगा कि पेशेवर ट्रेडर की अपनी यात्रा में आप इससे बचकर रहें।

□

"धन छठी इंद्रिय के जैसा है—और इसके बिना आप बाकी पाँच का उपयोग नहीं कर सकते।"

—विलियम सोमरसेट मॉघम

अध्याय-6

आगामी जोखिम

अविजित मुक्केबाज

आमतौर पर बाजार में मंदड़ियों और तेजड़ियों के बीच का संघर्ष निरंतर जारी रहता है। इस खेल में कौन जीतेगा, इसका फैसला न केवल बाजार की दिशा से तय होता है, बल्कि यह उस व्यक्ति पर भी निर्भर करता है, जो इस संघर्ष–प्रक्रिया में जोखिम का प्रबंधन कर रहा हो। इस शब्द जाल को आसान बनाने के लिए मान लेते हैं कि हम एक कार चला रहे हैं। यह कार कितनी देर तक चल सकती है, अगर हम यह मान लें कि न तो इसका ड्राइवर कभी थकता है और न ही इसका कोई पुर्जा खराब होता है? कार को चलाए रखने के लिए सबसे बड़ी आवश्यकता उसमें ईंधन का होना है।

इसी तरह, एक ट्रेडर के लिए खेल में बने रहने के लिए सबसे बड़ी आवश्यकता उसकी ट्रेडिंग पूँजी है। वह आकलन कर सकता है; लेकिन यदि उसके पास ट्रेड करने के लिए ट्रेडिंग पूँजी ही न हो तो क्या वह इस खेल को जीत सकेगा? जाहिर है, इसका उत्तर होगा—नहीं। तो फिर एक ट्रेडर इस निरंतर बदलते बाजार में अपनी पूँजी को सुरक्षित कैसे रख सकता है? बतौर ट्रेडर बने रहने के लिए उसे अपने जोखिम का प्रबंधन करना होगा।

मुक्केबाजी में एक खिलाड़ी को केवल उसी अवस्था में हारा हुआ घोषित किया जाता है, जब वह ढेर हो जाता है। जब तक वह खड़ा हो, फिर चाहे वह सुरक्षात्मक ही क्यों न हो, वह हारा नहीं है और अभी भी उसके अंत में विजेता होने की पूरी संभावना रहती है। इसी प्रकार, बतौर ट्रेडर आपको अत्यधिक आक्रामक नहीं होना चाहिए और इस खेल को ठंडे दिमाग से बाजार की माँग होने पर सुरक्षात्मक रहते हुए खेलना चाहिए। यदि हम जोखिम को काबू कर सकें तो कैसी भी बाजार परिस्थितियों में बच निकल सकते हैं। हमेशा अविजित रहने और ट्रेड को अपनी ट्रेड

"ट्रेडिंग बेहद प्रतिस्पर्धात्मक है और इसमें आपके भीतर नुकसान सहने की क्षमता होनी चाहिए।"
—पॉल टुडोर जोंस

योजना के मुताबिक चलाने के लिए जोखिम प्रबंधन की कला को सीखना होगा।

जोखिम प्रबंधन का मूल सूत्र यह है कि अपनी प्रति ट्रेड ट्रेडिंग पूँजी के 2 प्रतिशत से अधिक पर जोखिम मत लीजिए। उदाहरण के लिए, यदि आपकी ट्रेडिंग पूँजी 5,00,000 रुपए हैं तो आपको एक ट्रेड में 10,000 रुपए से अधिक का जोखिम नहीं लेना चाहिए। इस जोखिम-प्रति-ट्रेड पॉलिसी को अपनाने से यदि आप लगातार पाँच बार भी विफल होते है तो आपका अधिकतम नुकसान आपकी मूल पूँजी से मात्र 10 प्रतिशत रहेगा। यदि आप अपनी ट्रेडिंग योजना पर आधारित किसी ट्रेडिंग रणनीति पर चल रहे हैं तो यही सलाह है कि उस विशेष रणनीति के आधार पर अधिकतम नुकसान के लिए तैयार रहिए। जोखिम-प्रति-ट्रेड रणनीति को पोर्टफोलियो विविधता के सिद्धांत से जोड़कर देखा जा सकता है, जिसका उपयोग दीर्घावधिक निवेशक करते हैं, जिसमें यह सुनिश्चित रहता है कि यदि कुछ चयनित शेयर विफल भी रहे तो इससे संपूर्ण पूँजी को हानि नहीं होगी।

जब आप किसी जोखिम प्रबंधन तंत्र का उपयोग करते हैं तो इसमें रणनीतिक विफलता या किसी अन्य कारण से किए गए सौदों के आपकी ट्रेड योजना के विपरीत जाने जैसे मामलों को लेकर संपूर्ण पोर्टफोलियो के जोखिम स्तर की देख-रेख की जाँच करते रहना होगा। पेशेवर ट्रेडर्स अपने पोर्टफोलियो जोखिम को किसी भी समय 10 प्रतिशत से भी नीचे बनाए रखने का प्रयास करते हैं। उदाहरण के लिए, यदि प्रति ट्रेड जोखिम 2 प्रतिशत हो तो उनकी कोशिश होती है कि उस समय उनकी अधिकतम पाँच पोजीशन ओपन रहें। कुछ ट्रेडर्स पोर्टफोलियो जोखिम को उनके वित्त व भावनात्मक जोखिमों पर होनेवाले प्रभावों के अनुसार तय करते हैं।

कुछ ऐसे भी हालात हो सकते हैं, जिन पर ट्रेडर का कोई नियंत्रण नहीं होता। इनका कारण संभवतः प्राकृतिक आपदा, मानव-निर्मित अप्रत्याशित घटनाएँ, जैसे—किसी शहर में विस्फोट होना या स्टॉक एक्सचेंज या ट्रेड टर्मिनल में होनेवाली तकनीकी गड़बड़ियाँ हो सकती हैं। इस तरह से जोखिमों से बचा तो नहीं जा सकता, हाँ, इन्हें 'पोजीशन सिजिगएल्गोरिथम' (पोजीशन आकलन के उपयोग द्वारा) कुछ हद तक कम किया जा सकता है।

जोखिमों से बचने और उनका प्रबंधन करने से आपके बतौर ट्रेडर बाजार में टिके रहने की संभावना बढ़ जाती है। यह सुनिश्चित करता है कि आप वित्तीय व भावात्मक, दोनों ही तरह से स्वस्थ रहें, जिससे ट्रेडिंग के खेल में विजयी हो सकें।

"पैसा मेरे लिए कभी भी बड़ा उत्प्रेरक नहीं रहा, सिवाय आँकड़े रखने के तरीके के। असली रोमांच इस खेल को खेलने में है।"

—डोनाल्ड ट्रंप

प्री-पोजीशन (पोजीशन का आकार तय करें)

पोजीशन साइजिंग (आकलन) क्या होता है?

पोजीशन साइजिंग एक विशिष्ट पोर्टफोलियो में किसी पोजीशन के आकार को संदर्भित करता है। इसे शेयर संख्या (या लॉट) या ट्रेडर द्वारा प्रति ट्रेड किए जानेवाले निवेश के तौर पर भी परिभाषित किया जा सकता है।

विख्यात ट्रेडर वॉन थार्प ने इस बारे में 'हाउ बिग शुड आई मेक माई पोजीशन फॉर ऐनी ट्रेड?' में बताया है।

पोजीशन साइजिंग क्यों महत्त्वपूर्ण है?

बिना उचित पोजीशन साइजिंग के एक ट्रेड में अपनी मूल पूँजी में से भारी धनराशि के नुकसान से बचाना असंभव है। अत: सभी ट्रेडर्स और निवेशकों के लिए यह अत्यंत आवश्यक है, जो अपने खाते को अनदेखे हालात से होनेवाले इस बड़े नुकसान से बचाना चाहते हों।

क्षण भर के लिए मान लीजिए, आपके पास ट्रेडिंग पूँजी के रूप में 1,00,000 रुपए हैं। आप क ख ग शेयर को लेकर काफी आश्वस्त हैं, जो फिलहाल 100 रुपए के भाव पर चल रहा है और आपको लगता है कि आनेवाले कुछ दिनों में इसका भाव बढ़ने वाला है। इसके परिणामस्वरूप, आप क ख ग के 750 शेयर खरीद लेते हैं। अगले दिन आपको सुनने में आता है कि इस कंपनी द्वारा बनाए जानेवाले एक बेहद लोकप्रिय उत्पाद पर अमेरिका और कुछ अन्य देशों में बैन लगा दिया गया है, जिससे इसके भाव आपके प्रवेश भाव से 22 प्रतिशत कम पर खुले हैं। इस अनदेखी घटना के कारण आप ट्रेड से बाहर निकलने का फैसला करते हैं। आप अपने सभी 750 शेयर 78 रुपए के भाव पर बेच देते हैं और आपकी ट्रेडिंग पूँजी घटकर 58,500 रुपए रह जाती है इस एक सौदे में आपकी पूँजी में 41.5 प्रतिशत का नुकसान हुआ है।

पोजीशन साइजिंग के लिए शर्तें

साधारणत: आम लोग विशेषज्ञों की सलाह पर या मित्रों के सुझाव पर अथवा किसी लेख के आधार पर ट्रेड करते हैं। उनके पास ट्रेड करने के लिए कोई ठोस व सतत दृष्टिकोण नहीं होता।

"किसी भी पोजीशन में आकार को सीमित रखिए, जिससे भय वह प्रबल सहज बोध न बन सके, जो आपके फैसले को निर्देशित करता हो।"

—जोए विडिच

हमें आशा है कि अब तक आप अपनी भावी ट्रेडिंग के लिए एक ट्रेडिंग पद्धति को चुनने के महत्त्व को समझ गए होंगे। जैसा कि पिछले अध्याय में चर्चा की गई, इसके अप ट्रेंड, डाउन ट्रेंड, साइडवेज और विभिन्न बाजारों के बीते डाटा की जाँच कर इनके व्यवहार का आकलन करें। यदि आप इसके प्रदर्शन को लेकर आश्वस्त हैं तो यह लिख लें कि इस प्रणाली द्वारा कब ट्रेड करना है, कब इससे बचना है।

पोजीशन साइजिंग की गणना कैसे करें

अपनी पोजीशन साइजिंग को जानने के लिए आपको हमेशा पता होना चाहिए कि यदि कुछ गलत हो जाता है तो आप प्रति ट्रेड कितनी हानि उठा सकते हैं? शेयर बाजार के जगत् का एक सूत्र है कि व्यक्ति का प्रति ट्रेड पोर्टफोलियो से 2 प्रतिशत से अधिक न हो और न ही यह निवेश कॉल में 1 प्रतिशत से अधिक हो। उदाहरण के लिए, यदि आपके पास ट्रेडिंग पूँजी के रूप में 10,00,000 रुपए हों तो आपको इसमें से प्रति ट्रेड सिर्फ 20,000 रुपए का और प्रति निवेश कॉल 10,000 रुपए का जोखिम लेना चाहिए।

व्यक्ति अपनी पोजीशन साइजिंग की गणना के लिए नीचे दिया गया फॉर्मूला उपयोग कर सकते हैं।

पोजीशन साइजिंग=जोखिम राशि प्रति ट्रेड/ (प्रवेश भाव- स्टॉप लॉस भाव)

इस सिद्धांत को समझने के लिए नीचे दिए उदाहरण पर नजर डालें।

चित्र 6.1—सीएट लि. का दैनिक चार्ट (ट्रेडिंग व्यू)

"औपचारिक शिक्षा से आप आजीविका पा सकते हैं; स्व-शिक्षा आपका भाग्य बनाती है।"
—जिम रॉन

यदि आप सीएट लि. के उपर्युक्त चार्ट को देखेंगे तो ट्रेंड लाइन ब्रेकआउट के कारण 1,180 पर प्रवेश किया जा सकता है। और हम एस.एल. को 1,140 पर रखते हैं, क्योंकि भाव पुनः 1,140 पर लौट सकते हैं। तब यह इस बात का सूचक होगा कि ब्रेकआउट विफल हो गया है। हम शीर्ष पर लक्ष्य को भेद सकते हैं, जो 1,425 पर आता है।

पोजीशन साइजिंग = जोखिम राशि प्रति ट्रेड/(प्रवेश भाव-स्टॉप लॉस भाव)

यदि आपके पास मूल पूँजी के रूप में 10,00,000 रुपए हैं तो आपकी जोखिम राशि प्रति ट्रेड 20,000 रुपए होगी (पोर्टफोलियो का 2 प्रतिशत)

तो पोजीशन साइजिंग = 20,000 रुपए / (1180–1140)= 500

अत: पोजीशन साइजिंग = 500 शेयर।

इसलिए, यदि व्यक्ति के पास 10,00,000 रुपए हों तो वह सीएट लि. के 500 शेयर खरीद सकता है। इसी गणना को किसी भी ट्रेड के लिए उपयोग किया जा सकता है।

लीवरेज

हमारे सेमिनारों में ट्रेडर्स हमसे जो प्रश्न अकसर पूछा करते हैं, वह ये है कि 'आपको कितनी लीवरेज का उपयोग करना चाहिए?'

यदि आप 'लीवरेज' शब्द से परिचित नहीं हैं तो इसका मतलब हुआ कि आप अपने अकाउंट आकार से कितने गुना अधिक तक ट्रेड कर सकते हैं?

लेकिन हम लीवरेज की अधिक परवाह नहीं करते, क्योंकि जोखिम प्रबंधन में इसका मूल्य शून्य है।

मान लीजिए कि आपके खाते में 1,00,000 रुपए हैं।

आप अपने खाते पर 2 प्रतिशत का जोखिम उठाते हैं—2,000 रुपए प्रति ट्रेड।

परिदृश्य 1

यदि आपका प्रवेश भाव 1,000 रुपए है और आपका एस.एल. 990 रुपए है।

तो आप कितने शेयर खरीद सकते हैं?

"ऐसा कोई बाजार रहस्य नहीं है, जिसे खोजा जाना बाकी हो और न ही बाजार में ट्रेड का कोई इकलौता रास्ता सही है। बाजार के बारे में एक सही उत्तर की खोज करनेवाले अभी सही प्रश्न पूछने तक भी नहीं पहुँच सके हैं, सही उत्तर की बात तो छोड़ ही दीजिए।"

—जैक श्वेजर

पोजीशन साइजिंग = जोखिम राशि प्रति ट्रेड/ (प्रवेश भाव – स्टॉप लॉस भाव)

पोजीशन साइजिंग = 2,000/ (1,000–990) = 200

पोजीशन साइजिंग = 200 शेयर।

यह 2,00,000 रुपए (200 शेयर X 1,000) का प्रतिनिधित्व करता है या दूसरे शब्दों में, यह 1:2 का लीवरेज है।

परिदृश्य 2

यदि आपका प्रवेश भाव 1,000 रुपए है और आपका एस.एल. 960 पर है।

तो आप कितने शेयर खरीद सकते हैं?

पोजीशन साइजिंग = जोखिम राशि प्रति ट्रेड/(प्रवेश भाव-स्टॉप लॉस भाव)

पोजीशन साइजिंग = 2,000/ (1,000–960) = 50

पोजीशन साइजिंग = 50 शेयर

यह 50,000 रुपए (50 शेयर X 1,000) का प्रतिनिधित्व करता है या दूसरे शब्दों में, यह 1:0.5 का लीवरेज है।

दोनों परिदृश्यों में प्रत्येक सौदे में अधिकतम हानि 2,000 रुपए है, भले ही आप विभिन्न लीवरेज का उपयोग कर रहे हों। क्यों?

क्योंकि आप जिस लीवरेज का उपयोग करते हैं, वह आपके स्टॉप लॉस के आकार पर निर्भर होती है। अत: लीवरेज के बारे में अधिक सोचने की जरूरत नहीं है और उपर्युक्त फॉर्मूले का उपयोग कर उचित पोजीशन साइजिंग को हासिल करने पर केंद्रित रहें।

आसान नियम यह है कि प्रत्येक ट्रेड में अपने पोर्टफोलियो से 2 प्रतिशत से ज्यादा का जोखिम न लें, भले ही आप लीवरेज का उपयोग क्यों न कर रहे हों, और इस बात से पोजीशन साइजिंग एवं लीवरेज से संबंधित अनेक सवाल निरस्त हो जाते हैं।

ये पैसे की बात है, प्यारे

पोजीशन साइजिंग से प्रति ट्रेड जोखिम को सँभाला जाता है। फिर भी, एक ट्रेडर

"मेरा दृष्टिकोण है कि मेरी तैयारी उस व्यक्ति से हमेशा अच्छी होनी चाहिए, जिसके खिलाफ मैं मुकाबला कर रहा हूँ। मेरा अपने आप को तैयार करने का तरीका यह है कि मैं हर रात अपना काम कर लेता हूँ।"

—मार्टी श्वाट्र्ज

के पास अपने पोर्टफोलियो के लिए संपूर्ण धन प्रबंधन योजना होनी ही चाहिए। यह ऐसा बनाने-बिगाड़ने वाला कौशल है, जो बतौर ट्रेडर जीवनावधि को प्रभावित करता है। इस बात से कोई फर्क नहीं पड़ता कि ट्रेडर तकनीकी रूप से कितना कुशल है। खराब धन प्रबंधन ऐसी किसी भी तरह की स्वैच्छिक गलती का कारण बन सकता है, जिसका परिणाम पूँजी हानि के रूप में सामने आए। **ट्रेडर की सफलता दर 80 प्रतिशत क्यों न हो, 20 प्रतिशत खराब धन प्रबंधन आपकी धनहानि कर सकता है। वहीं दूसरी ओर, एक ट्रेडर, जिसकी विजय दर 40 प्रतिशत हो, वह अपने मजबूत धन प्रबंधन कौशल की बदौलत फायदे में रहेगा।**

चित्र 6.2—रिलायंस का दैनिक चार्ट (ट्रेडिंग व्यू)

मान लीजिए कि रेसिस्टेंस के निकटस्थ भावों को देखने के बाद आप बाजार बंद होने के समय शॉर्ट पोजीशन लेते हैं। आपकी योजना एस.एल. को रेसिस्टेंस से ऊपर रखने की है और आपका लक्ष्य पिछले स्विंग का न्यून है। अच्छे मुनाफे की आशा में आपने इस सौदे में अपनी कुल पूँजी का 50 प्रतिशत निवेश कर दिया है। अलबत्ता, अगले दिन रिलायंस ने रेसिस्टेंस लाइन से ऊपर की गैप ओपनिंग की और किसी तकनीकी कारण से आपका एस.एल. ऑर्डर लागू नहीं हो सका। क्या आप दिन के अंत में अपनी पोर्टफोलियो वैल्यू जानते हैं? इस एक सौदे से आपका पोर्टफोलियो 5.5 प्रतिशत से अधिक नीचे गिर जाएगा।

"पहले मुझे ड्रग्स की समस्या थी, लेकिन अब मेरे पास पर्याप्त पैसा है।"
—डेविड ली रॉट

2 प्रतिशत के जोखिम-प्रति-ट्रेड नियम के साथ ट्रेडर को संपूर्ण पूँजी आवंटन प्रति ट्रेड को भी देखना चाहिए। व्यक्ति को किसी भी ट्रेड के लिए अपनी मूल पूँजी के 10 प्रतिशत से अधिक आवंटित नहीं करना चाहिए। कोई भी अनदेखी घटना, जैसे गैप ओपनिंग या तकनीकी मामले से आपके पोर्टफोलियो को बड़ा नुकसान पहुँच सकता है। जब आप प्रति ट्रेड अपनी पूँजी का सिर्फ 10 प्रतिशत निवेश करते हैं तो सबसे बुरी स्थिति होने पर भी आपके पास आपकी पूँजी का 90 प्रतिशत मौजूद रहेगा, जो एक ट्रेडर के लिए अति आवश्यक है। रिलायंस के इसी उदाहरण में, यदि आपने अपनी मूल पूँजी का केवल 10 प्रतिशत निवेश किया होगा तो आपको अपने पोर्टफोलियो में 0.55 प्रतिशत का नुकसान होगा।

इसके अतिरिक्त, सभी बाजारी स्थितियों में कुल पूँजी उपयोग की आवश्यकता भी नहीं होती। उदाहरण के लिए, यदि आप ट्रेंड अनुसरण प्रणाली का उपयोग कर रहे हैं, तो जब बाजार सूचकांक साइडवेज जोन में चल रहे हों तो अपनी 100 प्रतिशत पूँजी लगाने की कोई आवश्यकता नहीं है। आखिर में या तो सौदों में नुकसान उठाएँगे या कम मुनाफा पा सकेंगे। इसी तरह, यदि आप ब्रेकआउट ट्रेडर हैं तो अपनी सारी पूँजी लगा देना उस समय ठीक रहेगा, जब बाजार में सर्वाधिक टूटना जारी हो या महत्त्वपूर्ण समर्थन स्तर पर हो, क्योंकि अंत में अत्यधिक सफलता मिलेगी और आपकी सफलता का परिमाण भी काफी बड़ा होगा।

□

"मैं तब तक इंतजार करता हूँ, जब तक धन कमाने का अवसर हाथ भर की दूरी पर न रह जाए; और तब मुझे बस, हाथ बढ़ाकर उसे उठाना होता था। इस बीच मैं कुछ नहीं करता।"

—जिम रोजर्स

अध्याय-7

होल्डिंग का सुनहरा नियम

हम जब भी संपत्ति या सोना खरीदते हैं तो उसे लंबे समय तक अपने पास रखना चाहते हैं। अनजाने में हमारी इस होल्डिंग का परिणाम हमारे निवेश में उच्चतम मूल्य–वृद्धि हो सकता है। स्टॉक मार्केट की बात करें तो ट्रेडर्स में इस अनुशासन की कमी होती है कि वे अपने ट्रेड को तब तक रखे रहें, जब तक वह उनके निकास के पैमाने पर खरा न उतरे। आमतौर पर टिकर पर निरंतर निगाह बनाए रखना इसका एक कारण हो सकता है। हमने विश्लेषण किया तो इस व्यवहार का कारण व्यक्ति की भावात्मक नियंत्रण की कमी ज्ञात हुआ, न कि सिर्फ टिकर पर अत्यधिक ध्यान बनाए रखना। यह एक गलत धारणा है कि होल्डिंग के बारे में केवल वैल्यू निवेशकों को ही विचार करना चाहिए। बतौर ट्रेडर, आपको तब तक होल्ड करना होगा, जब तक आपकी ट्रेड योजना आपको आपकी पोजीशन से निकास के लिए नहीं कह देती।

जेसी लिवरमोर के शब्दों में, "ऐसा व्यक्ति मिलना कठिन है, जो सही भी हो और दृढ़ भी। यह सीखना मुझे अब तक सबसे मुश्किल लगा। लेकिन एक स्टॉक ब्रोकर तभी मोटा पैसा कमा सकता है, जब इसमें सिद्धहस्त हो जाए।" यदि आप ट्रेडिंग के दौरान हानि–रहित व्यापार करना चाहते हैं तो यह ध्यान में रखने योग्य सबसे अहम विचार है। यदि आप बाजार में हैं और पैसा नहीं कमा पा रहे तो आपको इस बात का आत्म–निरीक्षण व विश्लेषण करना चाहिए कि कहीं आपकी निकास रणनीति तो आपके खाते में नुकसान का कारण नहीं बन रही? यदि आप छोटे मुनाफे कमा रहे हैं तो क्या होल्डिंग से आपको सुनहरा अवसर मिल सकता है?

"जो व्यक्ति यह नहीं जानता कि अब उसका अगला डॉलर कहाँ से आने वाला है, आमतौर पर उसे यह भी नहीं पता होता कि उसका आखिरी डॉलर कहाँ जाएगा।"

—अज्ञात

इसे करने के छह तरीके

ट्रेंड अनुसरण और ट्रेंड रिवर्सल प्रणालियों के लिए लक्ष्य निर्धारित करना—

जैसा कि नाम से पता चलता है, ट्रेड अनुसरण और ट्रेंड रिवर्सल प्रणालियों में आपको सौदे को ट्रेंड के अंत तक होल्ड पर रखना पड़ता है।

फिर भी, रिटेल (खुदरा) ट्रेडर्स के लिए अपनी पोजीशन होल्ड करना कठिन होता है, क्योंकि उन्हें अपनी भावनाओं से संघर्ष करना पड़ता है। आमतौर पर वे छोटे मुनाफे से खुश हो जाते हैं, अत: वे छोटे मुनाफे पर भी सौदा बंद करके खुश हो जाते हैं और वे अपने उन सौदों को बनाए रखते हैं, जो नुकसान में जा रहे हों, इस आशा में कि वे पुन: अपने प्रवेश भाव पर पहुँच जाएँगे, जिससे वे अपनी पोजीशन से निकास कर सकें।

ट्रेंड के अंत को पहचानने के डाऊ सिद्धांत या किसी अन्य संकेतक पर आधारित एक सरल ट्रेंड लाइन पद्धति जैसे बहुत से तरीके हैं।

चित्र 7.1—अप ट्रेंड के अंत को दरशाता ऑरो फार्मा का दैनिक चार्ट (ट्रेडिंग व्यू)

जब आप उपर्युक्त चार्ट को देखते हैं तो एक सरल ट्रेंड लाइन स्विंग के निम्न को जोड़ती है। इस रेखा में टूटना अप ट्रेंड के लिए और समस्याओं का सूचक है। इस ट्रेंड लाइन पर ब्रेक के दौरान पोजीशन से निकास अच्छा रहेगा, क्योंकि अगले कुछ दिनों में भाव तेजी से 825 से 600 तक गिर गए।

इस अवधारणा का सबसे बड़ा नुकसान यह है कि कई बार भाव ट्रेंड लाइन पर

"बाजार उससे ज्यादा देर तक स्थिर रह सकता है, जितना आप सुस्थिर रह सकते हों।"
—जॉन मेनार्ड केनस

झूठा ब्रेकआउट भी दरशाते हैं या भाव सपोर्ट ट्रेंड लाइन को तोड़ने के बाद भी अपने अप ट्रेंड को जारी रख सकते हैं। फिर भी, ट्रेडिंग में झूठी बातों से बचना नामुमकिन है। अत: यह एक बेहतरीन दृष्टिकोण है, जो जल्दी निकासी प्रदान करती है।

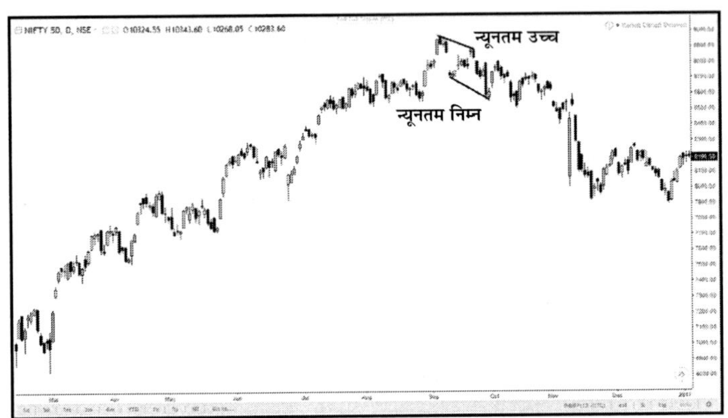

चित्र 7.2—अप ट्रेंड का समापन दरशाता निफ्टी का दैनिक चार्ट (ट्रेडिंग व्यू)

उपर्युक्त चित्र डाऊ सिद्धांत के उपयोग द्वारा रिवर्सल दरशा रहा है। इसके पूर्व भाव अधिकतम निम्न (एच.एल.) और अधिकतम उच्च (एच.एच.) बनाते हुए स्पष्ट अप ट्रेंड दरशा रहे थे। हालाँकि शीर्ष पर उन्होंने न्यूनतम उच्च बनाया न्यूनतम निम्न बनाया, जो पिछले ट्रेंड के समापन की पुष्टि करता है। अत: जब आप डाऊ सिद्धांत पर आधारित रिवर्सल देखें, जहाँ भाव में कुछ ही हफ्तों में 8,600 रुपए से 7,900 रुपए तक की गिरावट आई।

ब्रेकआउट/ब्रेकडाउन प्रणाली के लिए लक्ष्य निर्धारित करना

अधिकांश मामलों में, ब्रेकआउट ट्रेडर ब्रेकआउट सौदे के लिए एक पैटर्न का पालन करता है और लगभग सभी पैटर्न का लक्ष्य निर्धारित करने का अपना तरीका होता है। यदि आप किसी भी पैटर्न पर नहीं चलते तो सबसे अच्छा यही रहेगा कि आप किसी स्तर पर पोजीशन से आंशिक निकासी कर लें और बाकी को जारी रखें। इस अवधारणा को आगे चलकर स्पष्ट किया जाएगा। अब हम कुछ पैटर्न के लक्ष्यों को देखते हैं।

"सबसे बेहतर की आशा रखें। सबसे बुरे के लिए तैयार रहें। और इनमें से जो हो, उसका फायदा उठाएँ।"
—जिग जिग्लर

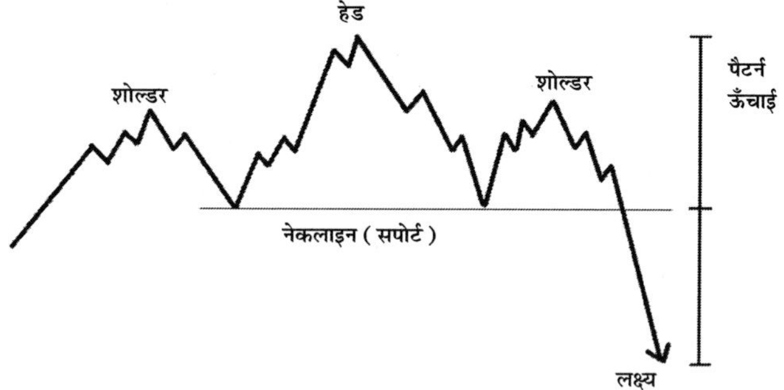

चित्र 7.3—हेड एंड शोल्डर पैटर्न

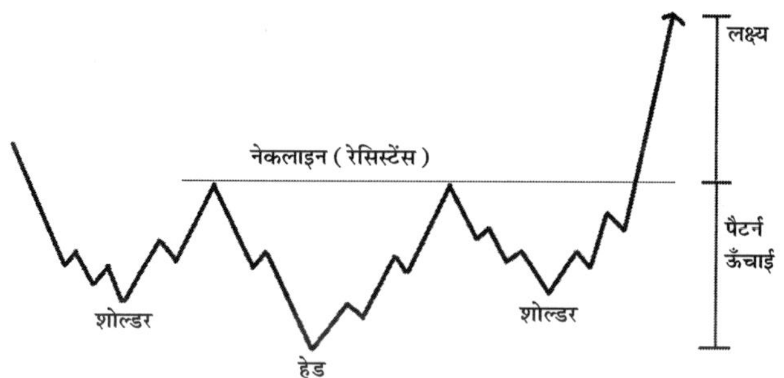

चित्र 7.4—उल्टा हेड एंड शोल्डर पैटर्न

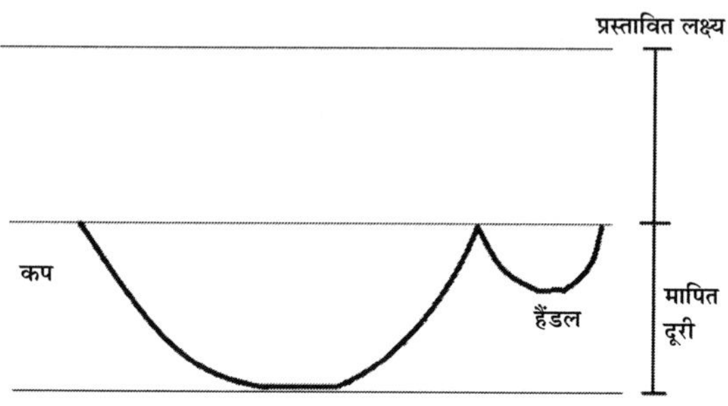

चित्र 7.5—कप-और-हैंडल पैटर्न

"यदि अधिकांश ट्रेडर्स 50 फीसदी समय हाथ-पर-हाथ धरे बैठे रह सकें तो वे काफी पैसा कमा सकते हैं।"

—बिल लिपशुट्ज

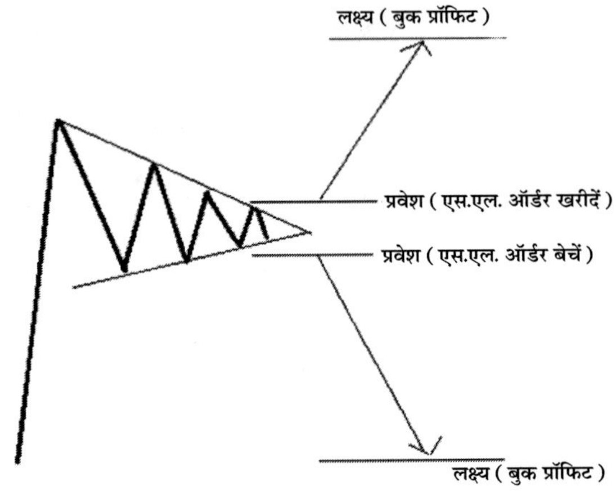

चित्र 7.6—सिमेट्रिकल ट्राएंगल पैटर्न

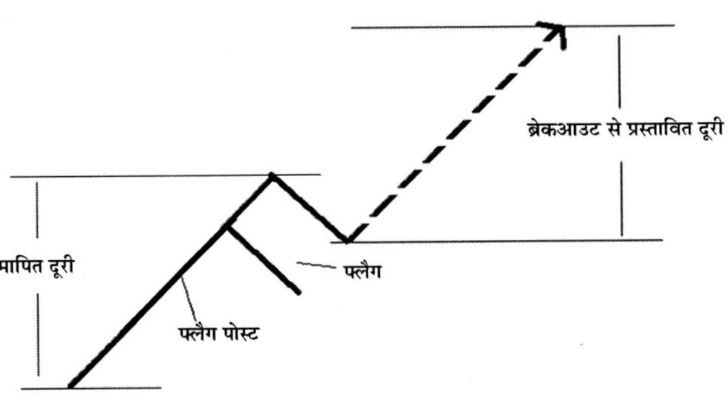

चित्र 7.7—बुलिश फ्लैग पैटर्न

फ्लैक्सी-फिक्सिंग

जैसा कि हमने पहले चर्चा की थी, केवल तीन प्रमुख ट्रेडिंग पैटर्न हैं और अब हम इनमें से प्रत्येक के लिए निकास योजना को देखेंगे।

"मैं अच्छा वेतन इसलिए नहीं देता कि मेरे पास बहुत पैसा है; मेरे पास इसीलिए बहुत पैसा है, क्योंकि मैं अच्छा वेतन देता हूँ।"

—रॉबर्ट बॉश

ब्रेकआउट प्रणाली

आमतौर पर ब्रेकआउट ट्रेडिंग के दौरान आपका एक लक्ष्य भाव-बिंदु होता है और मानकर चलते हैं कि लक्ष्य पर पहुँचने के बाद आप अपनी सभी पोजीशन से निकास कर जाएँगे। तो निम्न हालात में आपके संपूर्ण मुनाफे और भावात्मक पहलू का क्या होगा?

1. भाव आपके ट्रेड के लक्ष्य-बिंदु के अत्यंत करीब पहुँच जाते हैं, लेकिन लक्ष्य तक नहीं पहुँचते और पुनः आपके स्टॉप लॉस पर लौट आते हैं।
2. भाव आपके लक्ष्य तक पहुँच जाते हैं और आपकी दिशा में और आगे बढ़ते हैं; लेकिन आप उनके लक्ष्य पर पहुँचने से पहले ही अपनी पोजीशन से निकास कर चुके हैं।

इन दोनों हालात में आप कैसा महसूस करेंगे

पहले अवसर पर आपने पैसों का नुकसान उठाया और इसका प्रभाव आपकी भावनाओं पर भी पड़ेगा, क्योंकि भाव आपके लक्ष्य-बिंदु के काफी निकट होकर गए हैं।

दूसरे मामले में आपको मुनाफा तो हुआ, लेकिन इसका मनोवैज्ञानिक प्रभाव भी होगा, क्योंकि आप मुनाफा कमाने का अवसर चूक गए हैं।

तो ऐसे में वह सबसे बेहतर समाधान कौन सा है, जिसमें आप दोनों हालात में फायदे में रहें?

इसका जवाब बेहद आसान है

कुछ पोजीशन (25 या 50 प्रतिशत) से 1:2 के जोखिम-पुरस्कार पर और कुछ पोजीशन (25 प्रतिशत) से लक्षित बिंदु पर निकास करें और शेष पोजीशन को तब तक जारी रखें, जब तक आपको रिवर्सल का चिह्न न दिखाई देने लगे। जब आप 1:2 जोखिम-पुरस्कार पर कुछ पोजीशन से निकास कर जाएँ तो अपने एस.एल. को अपने प्रवेश बिंदु से ट्रेल कर लें।

पहले हालात में आपको कुछ पोजीशन में मुनाफा होगा (25-50 प्रतिशत), क्योंकि आप इस पोजीशन से 1:2 जोखिम-पुरस्कार पर निकास कर गए थे और आपको कोई नुकसान नहीं हुआ, क्योंकि आपने अपने एस.एल. को अपने प्रवेश बिंदु पर रखा था।

बल्कि दूसरे हालात में भी आपको मुनाफा होगा, क्योंकि आप कुछ पोजीशन

"इस बात की चिंता न करें कि बाजार क्या करने वाला है; चिंता इस बात की करें कि आप बाजार के प्रति क्या प्रतिक्रिया देंगे?" —माइकल कार

से 1:2 जोखिम-पुरस्कार पर और कुछ पोजीशन से लक्ष्य पर निकास कर गए थे, और यदि भाव आपकी दिशा में आगे गति करते हैं तो आपको शेष पोजीशन पर भी फायदा हो सकता है।

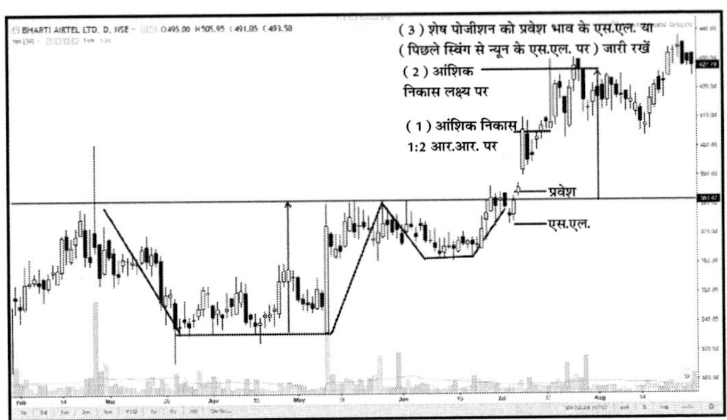

चित्र 7.8—आंशिक निकास को दरशाता भारती एयरटेल का दैनिक चार्ट (ट्रेडिंग व्यू)

ट्रेंड अनुसरण/ट्रेंड रिवर्सल प्रणाली

रिटेल ट्रेडर्स के लिए उस समय पोजीशन ओपन रखना कठिन हो जाता है, जब उन्हें मुनाफा दिखाई दे रहा हो। वे छोटे मुनाफे पर ही सौदा बंद कर देने में काफी खुश रहते हैं। फिर भी, अनुसरण और रिवर्सल दोनों ही ट्रेंड्स के अनुसार व्यक्ति को अपनी पोजीशन तब तक होल्ड पर रखनी चाहिए, जब तक ट्रेंड में रिवर्सल दिखाई देना आरंभ न हो जाए। अपनी संकीर्ण मानसिकता के कारण वे कभी भी उपर्युक्त प्रणालियों का पूरा फायदा नहीं उठा सकते।

इसी तरह, हमने ब्रेकआउट प्रणाली में जिस आंशिक निकास रणनीति पर चर्चा की है, वह भी इस समस्या का समाधान कर सकती है। शुरुआत में रिटेल ट्रेडर्स अपनी 50 प्रतिशत निकास 1:2 जोखिम-पुरस्कार पर निकास कर सकते हैं और वे शेष पोजीशन को एस.एल. को प्रवेश भाव पर ट्रेंड में रिवर्सल दिखने तक जारी रख सकते हैं।

यदि ट्रेडर को अपनी 50 प्रतिशत पोजीशन को आगे ले जाने में भावात्मक समस्या का सामना करना पड़े तो वे इससे कम पोजीशन (10-25 प्रतिशत) को

"महत्त्वपूर्ण यह नहीं है कि आप सही हैं या गलत? बात, बस इतनी है कि जब आप सही होते हैं तो कितना पैसा कमाते हैं और जब गलत होते हैं तो कितना नुकसान उठाते हैं!"

—जॉर्ज सोरोस

आगे ले जा सकते हैं। इस तरह से, वे अपनी पोजीशन से अधिकतम लाभ लेने हेतु होल्डिंग की आदत विकसित कर सकते हैं। एक बार जब उन्हें मुनाफा दिखाई दे जाए और जब वे अपनी भावनाओं को नियंत्रित कर सकें तो वे पोजीशन आकार में तब तक वृद्धि कर सकते हैं, जब तक रिवर्सल न हो जाए।

चित्र 7.9—आंशिक निकास को दरशाता अडानी पोर्ट्स का दैनिक चार्ट (ट्रेडिंग व्यू)

खुश रहो, यह इतना बुरा भी नहीं

जब आप किसी ऐसे शेयर को होल्ड पर रखें, जो अप ट्रेंड में हो तो यह बहुत आम बात है कि आपको शेयर के बारे में बहुत सी नकारात्मक बातें सुनने को मिलेंगी। विश्लेषक कहेंगे कि इसके विकास की संभावनाएँ बहुत कम हैं, मौजूदा वित्तीय हालात इस कंपनी के लिए ठीक नहीं हैं। और संभव है कि वे यह निष्कर्ष दें कि अब भाव यहाँ से और ऊपर नहीं जाने वाले। यह काफी चुनौतीपूर्ण है कि अपनी होल्डिंग के बारे में इस तरह की खबरें सुनने के बाद भी आप अपने लाभकारी ट्रेड को होल्ड रख सकें।

केस स्टडी 1

YOU ARE HERE: HOME » NEWS » BUSINESS » COMPANIES

Jul 26, 2017 09:35 PM IST | Source:

Rs 909-cr exposure to Essar Steel spikes HDFC's non-performing assets

Keki Mistry said HDFC will file the red herring prospectus for HDFC Life IPO by October and aims to launch the issue this year itself

चित्र 7.10 (a)—वित्तीय वेबसाइट पर 26/07/2017 की खबर का शीर्षक

"धन कमाने पर केंद्रित न हों; जो आपके पास है, उसे बचाए रखने पर केंद्रित रहें।"
—पॉल टुडोर जोंस

Jul 26, 2017 07:35 AM IST | Source: ▇▇▇▇▇

HDFC Q1 profit seen down 7% to Rs 1,734 cr but net interest income may increase 15%

Analysts said if net interest margin comes above 3.75 percent (4.1 percent in Q4FY17), AUM growth above 15 percent (16.1 percent) and gross non-performing assets below 0.9 percent (0.79 percent) then that will be positive.

चित्र 7.10 (b)–एक अन्य वित्तीय स्रोत से 26/07/2017 की खबर का शीर्षक

यदि आप उपर्युक्त खबर पर नजर डालें तो 26/07/2017 को यह एच.डी.एफ.सी. के शेयरों के लिए बड़ा नकारात्मक विचार दरशा रहा है। लेकिन जरा देखिए कि 26/07/2017 के बाद इस शेयर का क्या हुआ—

चित्र 7.10 (c)—10 प्रतिशत वृद्धि दरशाता एच.डी.एफ.सी. का दैनिक चार्ट (ट्रेडिंग व्यू)

केस स्टडी-2

Jul 27, 2017 08:43 AM IST | Source: ▇▇▇▇▇

Dr Reddy's Labs Q1 profit growth may be over 2-fold on strong operational numbers

Revenue is seen rising 4.6 percent year-on-year to Rs 3,383 crore in June quarter, according to average of estimates of analysts polled by CNBC-TV18.

चित्र 7.11 (a)—एक विख्यात वित्तीय स्रोत से 27/07/2017 को बाजार खुलने से पहले की खबर का शीर्षक

"तो आपको लगता है कि पैसा हर बुराई की जड़ है। क्या आपने कभी यह जानने की कोशिश की कि इस पैसे की जड़ क्या है?"

—आयन रैंड

चित्र 7.11 (b)—10 प्रतिशत गति दरशाता डॉ. रेड्डीज लैब्स का दैनिक चार्ट (ट्रेडिंग व्यू)

एक बार फिर, यदि आप खबर को देखते हैं तो 27/7/2017 को लोगों की डॉ. रेड्डीज को लेकर सकारात्मक आशा थी। लेकिन उसी दिन यह 3.7 प्रतिशत गिर गया और सिर्फ चार कारोबारी दिवसों में यह 13 प्रतिशत गिरा और सिर्फ 11 कारोबारी दिवसों में कुल गिरावट 26 प्रतिशत से भी अधिक की थी।

इसलिए ट्रेडर को सिर्फ उस धारणा पर विश्वास करना चाहिए, जिसे उसने अपने अध्ययन और कड़ी मेहनत से विकसित किया है। सौदे को होल्ड पर रखते हुए उसे लोगों की राय पर जरा भी ध्यान नहीं देना चाहिए। यदि आप ट्रेड में हैं और यदि भीड़ आपके साथ है तो यह आपको कुछ सहज कर सकता है; लेकिन आप इससे पैसा नहीं कमा सकते; क्योंकि 95 प्रतिशत से अधिक लोगों को बाजार में नुकसान होता है। अत: आपको सहजता और मुनाफे के बीच चुनाव करना होगा। आप इनमें से किसे चुनेंगे?

□

"मुझे बाहर कब निकलना है, यह भीतर जाने से पहले ही पता होता है।"
—ब्रूस कोवनर

अध्याय-8

जर्नल के साथ सफर

जर्नल का महत्त्व

ट्रेडर्स के विफल होने का प्रमुख कारण अनुभव की कमी होती है। सभी ट्रेडर्स को एक लंबा रास्ता तय करना पड़ता है, इससे पहले कि वे नौसिखिए से पेशेवर बन सकें। बल्कि गलतियाँ करना सीखने की प्रक्रिया का एक महत्त्वपूर्ण भाग है। निरंतर मुनाफे में रहने की कुंजी गलतियों के दोहराव को कम-से-कम करना है। यदि आप एक पेशेवर ट्रेडर बनना चाहते हैं तो एक ही गलती को बार-बार दोहराए जाने से बचने के लिए एक रणनीति विकसित करनी होगी और अपने कौशल को निरंतर विकसित करते रहना होगा।

अपने सीखने के रास्ते को जल्दी तय करने का सबसे अच्छा तरीका ट्रेडिंग जर्नल का उपयोग कर सावधानीपूर्वक रिकॉर्ड रखना है। ट्रेडिंग जर्नल एक डायरी के जैसा होता है, जिसमें प्रत्येक ट्रेड का रिकॉर्ड रखा जाता है। समय के साथ ही यह अकसर होनेवाली गलतियों को पहचानने लगता है। गलतियों के स्रोत अनेक हो सकते हैं—भावात्मक, मानवीय भूल, ट्रेडिंग प्रणाली की गलतियाँ आदि। इसलिए एक ट्रेडिंग जर्नल आपकी कार्य-कुशलता में सुधार कर देगा, आपको अपनी भावनाओं को सँभालने में माहिर बना देगा। आप ट्रेड प्रारूप को पहचानने लगेंगे, जो आपके लिए सबसे लाभकारी साबित होगा और आपको वह फ्रेमवर्क प्रदान करेगा, जिससे आप अपनी लाभप्रदता में सुधार कर सकें।

ट्रेडिंग कारोबार में दुनिया के कुछ सबसे प्रतिभाशाली दिमाग शामिल हैं। इन अनुभवी ट्रेडर्स को ट्रेडिंग बाजार में 10, 20 और 30 साल तक का अनुभव है। आप

"एक निपट मूर्ख होता है, जो हर समय हर कहीं गलत ही किया करता है; लेकिन एक वॉल स्ट्रीट मूर्ख होता है, जो सोचता है कि उसे हर समय ट्रेड करना चाहिए।"

—जेसी लिवरमोर

इन्हें कैसे हरा सकेंगे? अच्छे सौदे के लिए सौदा कीजिए और पैसा अवश्य आएगा। ट्रेडर सोच सकता है कि प्रत्येक ट्रेड विचार, निर्णय और इसके परिणाम का ट्रैक रखना बेहद कठिन काम है। लेकिन ट्रेडिंग सातत्य और दीर्घावधिक लाभप्रदता में इससे निश्चित ही मदद मिलेगी। ट्रेडिंग जर्नल से आपकी कार्य-कुशलता में सुधार होगा, आपको अपनी भावनाओं को नियंत्रित करने में मदद मिलेगी। आप अपने लिए सबसे लाभकारी ट्रेड प्रारूपों को पहचान सकेंगे और आपको अपनी लाभप्रदता में सुधार करने का फ्रेमवर्क मिल जाएगा।

एक विख्यात ट्रेडर टोनी हैनसन कहती हैं, "वह पहली चीज, जिसे मैं बतौर ट्रेडर अपनी सफलता की कुंजी मानती हूँ, वो ट्रेडिंग जर्नल को रखने का महत्त्व है। इस जर्नल द्वारा मैं अपने सभी ट्रेड्स की तकनीकी दृष्टि से निगरानी करती थी और इससे मुझे बाजार विश्लेषण की वह विशिष्ट प्रणाली मिल सकी, जिसे मैं आज के दिन भी उपयोग करती हूँ।"

वे आगे कहती हैं, "बीते वर्षों में जब मैंने अपने जर्नल का अध्ययन, विश्लेषण व समीक्षा की और विशेष रूप से प्रत्येक चार्ट पर ध्यान दिया, जिन्हें मैंने अपने किए ट्रेड के लिए प्रिंट किया था, तो किसी चीज ने आकार लेना आरंभ कर दिया। मैंने ध्यान दिया कि पूरे ट्रेडिंग दिवस के दौरान ऐसे बहुत से मौके थे, जब बाजार में और दिनों के मुकाबले एक ट्रेडिंग रेंज के भीतर स्टॉल, रिवर्स या केवल ब्रेकआउट का अत्यधिक रुख दिखाई दिया। तब मुझे एहसास हुआ कि जब मैंने इन इंट्रा-डे अवधियों के अनुसार रणनीतिक खरीदारी या निकास किया तो मेरी कुल सफलता काफी हद तक अधिक रही।"

ट्रेड जर्नल रखना कुछ वैसा ही है जैसे पेशेवर क्रिकेटर का अपने रिकॉर्ड किए गए खेल की समीक्षा करना। अकसर, किसी खेल को याद करने पर उसके कुछ विवरण या खेल की खास बातें दिमाग में नहीं आतीं। इसलिए टेप पर गेंद-दर-गेंद खेल देखना कुछ महत्त्वपूर्ण रणनीतियों या प्रवृत्तियों को स्पष्ट कर देता है, जिनमें सुधार किया जा सकता है। फिर चाहे वह फुटबॉल, बास्केटबॉल या जिम्नास्टिक जैसे प्रदर्शन-आधारित खेल हों या अभिजात खेल, इन सभी में अकसर अपने प्रदर्शन का विश्लेषण करने के लिए संदर्भ टेप मिल जाते हैं और उन्हें बस, यह जानना होता है कि उन्हें किस पर काम करने की आवश्यकता है?

ट्रेडिंग कारोबार के प्रति गंभीर ट्रेडर को एक सुविचारित तथा विस्तृत जर्नल से

"आप मुक्त हो सकते हैं। आप दुनिया में कहीं पर भी रह और काम कर सकते हैं। आप किसी भी दिनचर्या से मुक्त या किसी के भी प्रति जवाबदेह-रहित हो सकते हैं।"

—अलेक्जेंडर एल्डर

काफी मदद मिल सकती है। बिना ट्रेडिंग जर्नल के आप यह नहीं जान सकते कि बीते समय में आपने कैसा प्रदर्शन किया है? आपको केवल अंतिम कुछ ट्रेड ही याद रहते हैं; लेकिन एक अच्छी तरह बनाया गया ट्रेडिंग जर्नल आपको ऐसी बहुत सी चीजें दिखा सकता है, जिन्हें आप अन्यथा नहीं पकड़ पाते।

एक ट्रेड जर्नल की समीक्षा करते हुए आप अपनी की सामान्य गलतियों को देख सकते हैं और उनसे बचने के लिए सुनिश्चित कदम उठा सकते हैं। जैसे कि आप देख सकते हैं कि आप मुनाफा खो देने के डर से अपने एस.एल. को बहुत पहले ट्रेल करते रहे हैं। एक बार जब आपको यह समझ आ जाता है, आप अगले सौदे में अपने एस.एल. को उचित ढंग से ट्रेल कर सकते हैं। जब आप इस पर ध्यान देते हैं कि बाजार में सौदा करने पर आप बेचैन और असहज महसूस करते हैं, तब अपने अगले सौदे के दौरान लिमिट प्रवेश के समय आप इस बिंदु पर विचार कर सकते हैं, ताकि यह सुनिश्चित कर सकें कि आप अधिक सहज और अधिक बेहतर ट्रेडिंग मनोदशा प्राप्त कर सकें।

जर्नल की विषय-वस्तु

एक ट्रेडर को ट्रेड से संबंधित अधिक-से-अधिक जानकारी दर्ज करने का प्रयास करना चाहिए। इसलिए, एक ट्रेडिंग जर्नल में निम्न विवरण अवश्य दर्ज किए जाने चाहिए।

1. शेयर का नाम
2. प्रवेश तारीख
3. प्रवेश भाव
4. मात्रा
5. प्रवेश का कारण
6. योजनाबद्ध स्टॉप लॉस
7. योजनाबद्ध लक्ष्य
8. प्रवेश पूर्व शेयर का स्क्रीनशॉट
9. ट्रेड प्रकार—लॉन्ग या शॉर्ट
10. निकास तारीख
11. निकास भाव

"मैं विश्लेषण में यकीन रखता हूँ, भविष्य कथन में नहीं।"
—निकोलस डारवास

12. निकास कारण
13. कुल लाभ/ हानि
14. निकास पश्चात् शेयर का स्क्रीनशॉट
15. ट्रेड से ज्ञात गलतियाँ या सबक।

शेयर का नाम : ट्रेड की गई विशिष्ट प्रतिभूति। यह इक्विटी, डेरिवेटिव या करंसीपेयर—कुछ भी हो सकता है।

प्रवेश तारीख : यह स्वत: स्पष्ट है, जिस तारीख को आप ट्रेड में प्रवेश करते हैं। यदि ऑर्डर पूरा हो जाता है तो जिस तारीख को यह किया गया है, उसे यहाँ लिखना होगा।

प्रवेश भाव : ट्रेड का आपका प्रवेश भाव।

मात्रा : ट्रेड में आपकी पोजीशन आकार या ट्रेड किए गए माइक्रो/मिनी/स्टैंडर्ड लॉट संख्या।

प्रवेश का कारण : सेटअप क्या था/ आपने यह सौदा क्यों किया? क्या आपने अपनी ट्रेडिंग रणनीति के आधार पर यह सौदा उचित भाव पर किया है?

योजनाबद्ध स्टॉप तथा योजनाबद्ध लक्ष्य : आपको इन रिक्त स्थानों पर अपने पूर्व निर्दिष्ट स्टॉप और लक्ष्य भाव को लिखना होगा। अपने स्टॉप स्तर और लक्ष्य स्तर को पहले से निर्धारित करना बहुत जरूरी है, यदि आपने स्टॉप को ट्रेल करना पहले से तय कर रखा है। उदाहरण के लिए, संभवत: आप यह दर्ज करें कि 'जब भी ट्रेल रुकता है, भाव नए निम्न/उच्च पर गति कर जाते हैं।'

ट्रेड प्रकार : यहाँ आपको लिखना होता है कि आपने इसे खरीदा है या बेचा?

निकास तारीख : एक बार फिर यह स्वत: स्पष्ट है; जिस तारीख को आपने ट्रेड से निकास किया।

निकास भाव : आपने वास्तव में किस भाव पर ट्रेड से निकास किया?

निकास कारण : आपके निकास का क्या कारण था? एस.एल. ट्रेल तक पहुँचना? लक्ष्य-प्राप्ति? कारण स्पष्ट करें।

कुल लाभ/हानि : ट्रेड के दौरान आपने कुल कितना पैसा बनाया या गँवाया?

स्क्रीनशॉट्स : ट्रेड से पहले और बाद के स्क्रीनशॉट संलग्न करें। यह उस समय सबसे उपयोगी होगा, जब बाद में आप अपने ट्रेड का विश्लेषण करेंगे।

"जो अधिकांश लोगों को बहुत अधिक और जोखिम भरा लगे, वह अकसर काफी ऊपर जाता है और जो निम्न या कमतर प्रतीत हो, वह आमतौर पर नीचे जाता है।"

—विलियम ओ'नील

गलतियाँ और नए सबक : इस ट्रेड से आपने जो भी कुछ सीखा है, उसका दस्तावेजीकरण करें। इससे ट्रेडिंग या किसी और चीज से संबंधित गलती या नए विचार में काम आ सकता है।

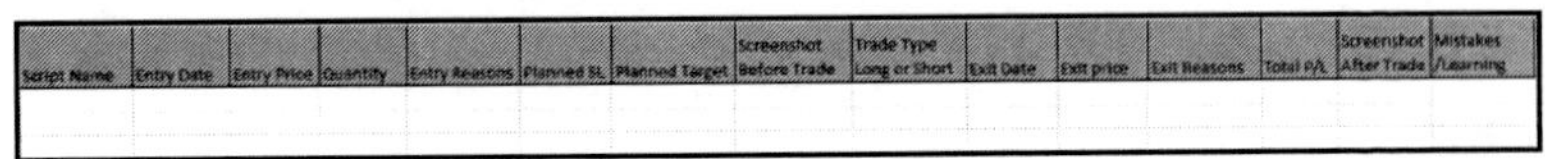

Script Name	Entry Date	Entry Price	Quantity	Entry Reasons	Planned SL	Planned Target	Screenshot Before Trade	Trade Type Long or Short	Exit Date	Exit price	Exit Reasons	Total P/L	Screenshot After Trade	Mistakes /Learning

चित्र 8.1– ट्रेडिंग टेंपलेट सैंपल

जर्नल का आवधिक अवलोकन

ट्रेडिंग जर्नल का निर्माण और इसमें ट्रेड संबंधी संपूर्ण विवरण दर्ज करना बस, पहला कदम है। आपको अपने सौदों की नियमित रूप से—यदि दैनिक ट्रेडर हैं तो हफ्ते में एक बार और यदि पोजीशनल ट्रेडर हैं तो महीने में एक बार—समीक्षा करनी चाहिए, जिससे आप अगनी सामान्य गलतियों को पहचान सकें। संभव है कि अपना पूरा पैसा दोपहर के भोजन के पूर्व ही कमा सकें। अपने बीते प्रदर्शन पर नजर डालने से बहुत सी जानकारियाँ मिल सकती हैं। तत्पश्चात् आप इस जानकारी का उपयोग अपनी ट्रेडिंग रणनीति को सुधारने तथा अधिक लाभकारी रणनीति पर केंद्रित होने में कर सकते हैं।

देखें कि आपने ट्रेड में कहाँ पर प्रवेश किया और आप कहाँ पर बाहर निकल आए? क्या आप फिलहाल आपके पास मौजूद जानकारी के आधार पर इन आधार-बिंदुओं में तार्किक रूप से सुधार कर सकते हैं? पूरी तरह से ईमानदार रहें। आप यह जानना चाहेंगे कि क्या आप अपनी ट्रेडिंग योजना का अनुशासित ढंग से पालन कर सकते हैं? इसके साथ ही, आप संभवत: यह भी जानने का प्रयास करें कि क्या आप चार्ट में ऐसे कुछ और संकेत खोज सकते हैं, जिन्हें आप अपने भविष्य की ट्रेड योजना में शामिल कर सकें।

कई ट्रेडर्स कागज पर एक सफल ट्रेडिंग प्रणाली को विकसित कर चुके हैं या रणनीति की बैकटेस्टिंग (पिछले आँकड़ों पर विश्लेषण) के बावजूद मुनाफे की समस्या से पीड़ित होना पड़ता है, क्योंकि वे अपनी भावनाओं को अपने ट्रेडिंग संबंधी फैसलों में हस्तक्षेप करने देते हैं। इससे वे अपनी जाँची-परखी ट्रेडिंग प्रणाली के स्पष्ट कार्यान्वयन और संकेतों का अतिक्रमण कर जाते हैं, जिसका उनके परिणामों

"जरूरी नहीं है कि आप रॉकेट साइंटिस्ट हों। निवेश ऐसा खेल नहीं है, जहाँ 160 आई.क्यू. वाला व्यक्ति 130 आई.क्यू. वाले व्यक्ति को हरा देगा।"

—वॉरेन बफे

पर बुरा असर पड़ता है। एक ट्रेडर के रूप में सफलता पाने के लिए अपने ट्रेडिंग जर्नल का विश्लेषण करने के लिए समय निकालना सबसे अच्छा तरीका है।

आप अपने सौदों को ट्रेड जर्नल में दर्ज कर रहे हैं, आपकी ट्रेडिंग में भी सुधार हुआ है; लेकिन फिर भी कुछ ऐसे सुधार हैं, जिनसे इसे और भी बेहतर बनाया जा सकता है। अब, जब आपके पास आपके सभी सौदे रिकॉर्ड में हैं, तब बाहरी मदद खोजना ज्यादा आसान हो जाता है। अपने साथियों का समूह या कोई परामर्शदाता आपके ट्रेड जर्नल को देखकर उस पैटर्न को खोज सकता है, जिसे आप संभवत: अभी तक ढूँढ़ नहीं पाए हैं।

जब ट्रेडर अपनी गलतियाँ न खोज सकें तो उन्हें निम्न प्रश्न पूछने चाहिए—

1. क्या मैंने अपने नियमों का पालन किया है?
2. क्या प्रवेश भाव उचित है?
3. क्या मैंने सभी वैध सेट-अप लिये हैं?
4. क्या मैं अपने लक्ष्यों तक रुक सका?

यदि आप अपने ट्रेडिंग जर्नल को लिखने में पूरी तरह से ईमानदार और चिंतनशील रहे हैं तो आपको प्रणालीबद्ध तरीके से ऐसी रणनीति विकसित करने के लिए संघर्ष नहीं करना पड़ेगा, जिससे आपकी ट्रेडिंग में लाभकारी सुधार हो सके।

इस बात से कोई फर्क नहीं पड़ता कि आप अपने जर्नल को लिखने में कागज और कलम का, एक्सेल प्रोग्राम का या किसी अन्य सॉफ्टवेयर का इस्तेमाल कर रहे हैं। महत्त्वपूर्ण यह है कि आप ट्रेडिंग जर्नल रखें। जर्नल द्वारा आप अपने बीते और मौजूदा ट्रेड्स की समीक्षा कर सकते हैं। ट्रेंड्स व पैटर्न को खोजें और अपनी भावनाओं को काबू में रखें।

जर्नल को अगले पायदान पर ले जाना

यह अवधारणा अत्यंत उन्नत होने के साथ ही सभी ट्रेडिंग प्रकारों पर लागू होती है। जो भी ट्रेडिंग को लेकर गंभीर है या ट्रेडिंग को अपना पूर्णकालिक व्यवसाय बनाना चाहता है, उसे इसे अवश्य पढ़ना और पालन करना चाहिए; क्योंकि इससे ट्रेडिंग के प्रति आत्म-साक्षात्कार और सुधार होता है। इस अवधारणा को इंट्रा-डे ट्रेडिंग के दृष्टिकोण से समझाया गया है और इसे अन्य सभी ट्रेडिंग प्रकारों तक विस्तार दिया जा सकता है?

"पैसा सबसे बेहतरीन सुगंध है।"
—एलिजाबेथ टेलर

इंट्रा–डे ट्रेडर्स अपने सौदों को अपने ट्रेडिंग जर्नल में लगभग रोजाना दर्ज करते हैं, क्योंकि वे प्रतिदिन कम–से–कम एक ट्रेड अवश्य करते हैं। आमतौर पर सभी इंट्रा–डे ट्रेडर्स अपने सौदे या तो सूचकांकों के आधार पर करते हैं या कुछ बाजार प्रमुखों को देखकर। अब अपना जर्नल खोलें और अपने दस अंतिम सौदों की जाँच करें। इन सौदों को देखने के बाद अब चार्ट खोलें और देखें कि इन दस सौदों में क्या हुआ।

केस-1

मान लीजिए कि आपका पहला सौदा लॉन्ग ट्रेड था; लेकिन भाव आपके एस.एल. तक पहुँचे और नीचे गिरने लगे। अब इस बात पर खुश होने की कतई जरूरत नहीं है कि आपने एस.एल. लगाया था, इसलिए आप बड़े नुकसान से बच गए। अपने आपसे पूछें कि वह कौन सा कारण था, जिसके चलते आपने इस शेयर में लॉन्ग ट्रेड किया; जबकि भाव गिरना तय था (क्योंकि बाजार सबसे बढ़कर है और यह आपकी राय के विपरीत दिशा में ट्रेड कर रहा था) ? आपको संभवत: एक सौदे से संबंधित सभी तार्किक कारण नहीं ज्ञात हो सकते; लेकिन जब आप इसी के जैसे कुछ अन्य सौदों का विश्लेषण करते हैं तो आपको इसका सुराग मिल जाएगा।

यदि अब आप यह समझ जाएँगे कि उस वक्त बाजार में क्या चल रहा था और आपका विश्लेषण कहाँ गलत हो गया तो आप न केवल उस सौदे से बच सकते हैं, बल्कि आप सही दिशा में ट्रेड करके पैसा भी कमा सकते हैं।

केस-2

कल्पना कीजिए, आप किसी सूचकांक में एक ही हफ्ते में दो अच्छे सौदे कर लेते हैं और बाकी दिनों और कोई सौदा नहीं करते। अब, संभव है कि आप अपने आपको अत्यधिक सफल ट्रेडर समझ रहे हों, जिसके लिए कुछ सीखना बाकी नहीं है। इस तरह की सोच बतौर ट्रेडर आपके भावी विकास को अवरुद्ध कर देती है। जब आपके मन में यह विचार आ जाता है तो यह इस बात की पुष्टि करता है कि या तो आप उसी मात्रा में पैसा कमाते रहेंगे या इससे कम पैसा कमाएँगे; क्योंकि आप वहाँ से और विकसित नहीं हो सकते।

अब उस हफ्ते का चार्ट खोलिए, जिसमें आपने ये दो सौदे किए थे। आपने उस हफ्ते में दो दिनों में दो सफल सौदे चुनने का शानदार काम किया था। अब उसी हफ्ते

"निवेश में पाँच सबसे खतरनाक शब्द हैं—इस बार यह अलग है।"
—सर जॉन टेंलटन

के शेष बचे तीन दिनों के इंट्रा-डे चार्ट को देखें। क्या आपको उन दो दिनों में कुछ अच्छी गतिविधियाँ दिखाई दीं (ऊपर या नीचे किसी भी तरफ) ? मुझे पूरा विश्वास है कि आपको दो या तीन अच्छे सौदे मिल जाने की संभावना अत्यधिक है, तब जब उस हफ्ते छोटे, श्रेणी-बद्ध दिन न हों। अब अपने आपसे पूछें, आप इन सौदों से कैसे चूक गए ?

केस-3

चित्र 8.2—निफ्टी 15-मिनट चार्ट

अब हम ट्रेडिंग के उच्चतर स्तर की पड़ताल करते हैं। उपर्युक्त चित्र निफ्टी के 15-मिनट इंट्रा-डे को दरशाता है। एक क्षण को मान लीजिए कि आप ओपन कैंडल में न्यून के झूठे ब्रेकआउट और छोटे हैमर (या डोजी) को देखने के बाद लॉन्ग ट्रेड करते हैं। आपका क्रय प्रवेश हैमर कैंडल के ऊपर है और आपका एस.एल. हैमर कैंडल से नीचे है। आप अगली कैंडल तक सौदे में बने रहते हैं और भाव ऊपर की तरफ गति करने लगते हैं।

कुछ समय बाद आप एस.एल. को अगले स्विंग के न्यूनतम पर ट्रेल कर देते हैं। हालाँकि इस बार भाव आपके एस.एल. को बस छूकर पुन: बढ़ जाते हैं। शुरुआत में आपको बुरा लगेगा, लेकिन कुछ समय बाद आप अपने को यह कहते हुए सांत्वना दे देंगे कि आपने प्रयास किया और इसमें आपको आंशिक सफलता भी मिली; लेकिन एक बार फिर आप एक बेहद अहम सबक से चूक गए। उस अहम सबक को सीखने के लिए नीचे दिए स्पष्टीकरण को देखिए।

"अधिक सोचने को प्राय: ऐसी समस्याएँ उत्पन्न करनेवाला कहा जाता है, जो थीं ही नहीं।"
—डेविड सिखोसाना

प्रवेश भाव	: 10,155
मूल एस.एल.	: 10,138 (अत: कुल जोखिम 17 बिंदु है)
आपका निकास भाव (ट्रेल एस.एल.)	: 10,183.5 (अत: कुल पुरस्कार 28.5 बिंदु है)

अत: इस मामले में कुल जोखिम-पुरस्कार केवल 1:1.6 है।

अब मान लीजिए, आप इस सौदे को बंद होने तक चलाते हैं और इसका बंद भाव 10,233 है। यह 78 बिंदु के लाभ की सूचना देता है (17 बिंदु के जोखिम पर)।

इस मामले में कुल जोखिम पुरस्कार 1:4.6 है।

उदाहरण के लिए, यदि आपने 10,000 रुपए 1:1.6 की आर.आर. के साथ निवेश किए हैं तो आप 16,000 रुपए (ब्रोकरेज और टैक्स अलग) कमा सकेंगे और 1:4.6 की आर.आर. पर आप शानदार 46,000 रुपए कमा सकेंगे।

केस-4

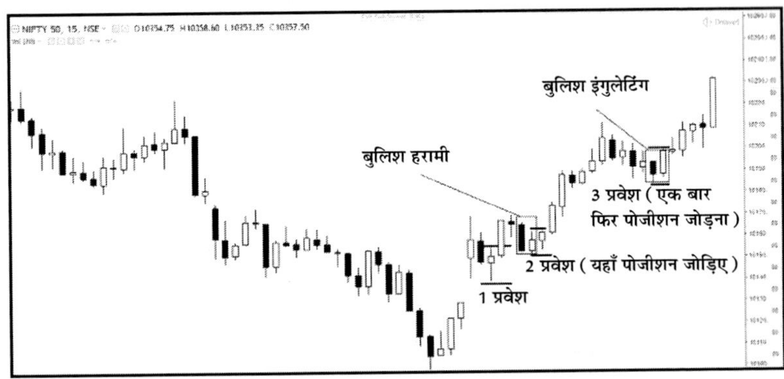

चित्र 8.3—निफ्टी का 15-मिनट चार्ट (पोजीशन जोड़ना) (ट्रेडिंग व्यू)

क्या आपको लगता है कि केस-3 की व्याख्या ट्रेडिंग का अंतिम सबक है? निश्चित ही ऐसा नहीं है। सीखने के लिए हमेशा कुछ-न-कुछ मौजूद रहता है, जब तक हम इस ग्रह पर मौजूद हैं या जब तक बाजार का अस्तित्व है। तो हम इसी ट्रेड सेट-अप के लिए अपने परिणामों में सुधार कर सकते हैं या नहीं? हमारे पास तीसरे कैंडल के बाद एक प्रवेश है और यदि आप छठा और सातवाँ कैंडल देखें

"प्रतिकूल स्थितियों में जीत के लिए आपका समय व आकार उचित होना चाहिए।"
—हेनरिक एम. सिमोस

तो एक साथ बुलिश हरामी कैंडलस्टिक पैटर्न का प्रतिनिधित्व करता है, जो दिन के उच्चतम (6 और 7 कैंडल में दिन का उच्चतम 10,170 रुपए है) से थोड़ा ही नीचे है, जो तेजी का सूचक है। आप अभी भी बुलिश हरामी कैंडल से ऊपर इस पोजीशन को जोड़ सकते हैं और एस.एल. को बुलिश हरामी के नीचे रख सकते हैं (संपूर्ण पोजीशन के लिए)।

अब इसके बाद भाव रेंज से टूटकर उच्चतर स्तर पर ट्रेड करने लगते हैं। क्या आपको याद है कि जब भाव ऊपर-से-ऊपर चढ़ते जाएँ तो एक छोटी सी करेक्शन हमेशा बेहतर रहती है? क्या आपको विश्व-विख्यात ट्रेडर जेसी लिवरमोर का बताया पिरामिड पोजीशन सिद्धांत याद है? इस सिद्धांत के अनुसार, हम उस समय एक बार फिर पोजीशन जोड़ सकते हैं, जब भाव में यथेष्ट करेक्शन हो और कैंडलस्टिक इस रिवर्सल की पुष्टि करे।

यदि आप तीसरे प्रवेश बिंदु को देखें, तो यहाँ छोटी सी करेक्शन के फौरन बाद बुलिश एंगल्फिंग पैटर्न आया। इस मामले में हम बुलिश एंगल्फिंग के उच्च से ऊपर पुनः पोजीशन जोड़ सकते हैं और हम एस.एल. को बुलिश एंगल्फिंग के न्यून से नीचे रखते हैं (संपूर्ण पोजीशन के लिए)। इस तरह से हम अपनी पोजीशन को तब तक बनाए रख सकते हैं, जब तक दिन समाप्त नहीं हो जाता। इस प्रक्रिया में यदि भाव किसी भी स्तर पर हमारे एस.एल. को छू जाते हैं तो हम अंत में ब्रेकइवन ट्रेड (न लाभ, न हानि) कर सकेंगे या एक छोटा सा लाभकारी सौदा कर सकेंगे, हालाँकि यदि भाव दिन के उच्चतम पर बंद होते हैं तो हमें अवश्य लाभ होगा।

सौदे का विवरण–

पहला प्रवेश	:	10,155
एस.एल.	:	10,138
अतः कुल जोखिम	=	17 बिंदु
दूसरा प्रवेश	:	10,162
एस.एल.	:	10,150
अतः कुल जोखिम	=	इन प्रवेश के 12 बिंदु + 5 बिंदु पिछले प्रवेश के = 17 बिंदु

"ट्रेडिंग में भाग्य क्या भूमिका निभाता है? दीर्घावधि में तो शून्य बिलकुल शून्य। मुझे नहीं लगता कि कोई भी व्यक्ति इस कारोबार में अचानक ही पैसे कमाने लगेगा, क्योंकि उसका भाग्य जाग गया है।"
—रिचर्ड डेनिस

तीसरा प्रवेश : 10,200
एस.एल. : 10,183
अतः कुल जोखिम : इस प्रवेश के 17 बिंदु + दूसरे प्रवेश का जोखिम + पहले प्रवेश का जोखिम

लेकिन इस क्षण। पहले प्रवेश के लिए कोई जोखिम नहीं है। दूसरा प्रवेश भाव पहले से ही प्रवेश स्तर से ऊपर ट्रेड कर रहा है और मौजूदा एस.एल. पहले और दूसरे प्रवेश बिंदु से ऊपर है।

अतः कुल जोखिम = तीसरे प्रवेश के 17 बिंदु – 21 बिंदु [10,183–10,162]– 28 बिंदु [10,183–10,155]=–32 बिंदु (या 32 बिंदु का मुनाफा)

हमें 32 बिंदुओं का मुनाफा होता है, भले ही भाव हमारे एस.एल. को छू जाए। हमारा तीसरा प्रयास और हमारा जोखिम–पुरस्कार अभी भी 1:2 पर बंद होगा।

लेकिन हमारे जोखिम–पुरस्कार क्या होंगे, यदि भाव दिन के शीर्ष पर बंद हों?

यह बंद 10,233 के निकट है। अतः मुनाफे की निम्न तरीके से गणना की जा सकती है—

पहले प्रवेश से मुनाफा = 78 बिंदु
दूसरे प्रवेश से मुनाफा = 71 बिंदु
तीसरे प्रवेश से मुनाफा = 33 बिंदु
अतः कुल मुनाफा = 182 बिंदु

लेकिन क्या आपने ध्यान दिया कि हमारा जोखिम किसी भी समय 17 बिंदु से अधिक नहीं हुआ?

इसका अर्थ हुआ कि 17 बिंदु के जोखिम के साथ हमने 182 बिंदु मुनाफा बनाया। यह 1:10 जोखिम–पुरस्कार सौदा शानदार रहा!

कृपया नोट करें, पिरामिड बनाने का कार्य उच्च संभावना सेट–अप में किया जाना चाहिए और ट्रेडर को औसत निकालने में भ्रमित नहीं होना चाहिए। पिरामिड बनाना औसत निकालने के सर्वथा विपरीत है।

□

"एक बुरा ट्रेडर अपनी पोजीशन छोड़ने से ज्यादा तेजी से अपनी बीवी को तलाक दे देता है। विचारों के प्रति निष्ठा ट्रेडर्स–वैज्ञानिकों या किसी के भी लिये अच्छी चीज नहीं है।"

—नसीम निकोलस तालेब

अध्याय-9

मन परिवर्तन : औसत कर्मचारी से सफल उद्यमी

ट्रेडिंग बनाम छोटा व्यवसाय

भले ही अर्थव्यवस्था तेज बदलावों के कारण विभिन्न व्यापारिक अवसरों द्वारा आय सृजन का अवसर प्रदान कर रही है, फिर भी बहुत से लोग संभावनाएँ होने के बावजूद छोटा सा कारोबार भी स्थापित नहीं कर पाते। यह घटना लोगों को अपना रोजगार या छोटा कारोबार आरंभ करने का विकल्प प्रदान कर रही है। भारत के किसी भी शहर में छोटा कारोबार आरंभ करने के लिए आपको कम-से-कम 10,00,000 रुपए की आवश्यकता होती है। चलिए, हम छोटा कारोबार या ट्रेडिंग आरंभ करने में ध्यान रखने योग्य विभिन्न पहलुओं की तुलना करते हैं।

ध्यान रखनेवाले पहलू	छोटा कारोबार	ट्रेडिंग
कारोबार की प्रकृति	विविध	शेयर क्रय-विक्रय, कमोडिटी
जगह और कारोबार संबंधी आधार तंत्र	इमारत अपनी या किराए पर, कारोबार की प्रकृति के अनुसार परिवर्तित; मशीनरी	कहीं से भी किया जा सकता है। केवल एक लैपटॉप और इंटरनेट कनेक्शन चाहिए।
श्रम शक्ति	2 से अधिक	अकेले कर सकते हैं
कच्चा माल या आपूर्ति शृंखला प्रबंधन	प्रत्येक स्तर पर समस्या, कारोबार की प्रकृति पर निर्भर	लागू नहीं
उत्पादन या सेवा प्रबंधन	माँग व आपूर्ति पर निर्भर	ब्रोकर द्वारा नियंत्रित

जारी...

"आप अपना खेल स्वयं अपने दिमाग में अपनी आस्था, मंशा, दृष्टिकोण और नियमों के आधार पर तैयार करते हैं।" —मार्क डगलस

ध्यान रखनेवाले पहलू	छोटा कारोबार	ट्रेडिंग
विक्रय व विपणन	विभिन्न प्रकार	लागू नहीं
कानूनी पहलू और सरकारी नीतियाँ	कारोबारी चक्र को प्रभावित करता है	प्रधानत: ब्रोकर/ अनुपालन टीम द्वारा सँभाला जाता है
मापनीयता	विस्तार स्तर के अनुसार अतिरिक्त संसाधन आवश्यकता पर निर्भर	उसी आधार-तंत्र में 10X तक आसानी से विस्तार संभव।

इस प्रतिस्पर्धात्मक जगत् में छोटे कारोबारों के मुनाफा अनुपात में बीते वर्षों में गिरावट आती जा रही है और आज यह औसतन 15 प्रतिशत प्रतिवर्ष है। इसका मतलब हुआ कि 10,00,000 रुपए की पूँजी पर प्रति वर्ष 1,50,000 रुपए का रिटर्न है। मासिक आधार पर यह 12,500 रुपए आता है। क्या यह राशि आपके इससे जुड़े जोखिमों को लेने के लिए न्यायोचित है ?

स्वचालन और नीतिगत सुधारों के कारण नौकरी छूटना बेहद आम हो गया है। बेरोजगारी के इस युग में और ट्रेडिंग कारोबार जैसी सरल प्रक्रिया को आरंभ करने की इच्छा रखनेवाले लोग ट्रेडिंग कारोबार में शामिल हो रहे हैं, लेकिन क्या ट्रेडिंग में बिना उचित व्यापार प्रबंधन कौशल के विशेषज्ञों को मात दी जा सकती है ?

बतौर कारोबार ट्रेडिंग

अधिकांश छोटे कारोबार स्वामी-केंद्रित होते हैं और इस खेल को जारी रखने के लिए उनकी वहाँ शारीरिक उपस्थिति आवश्यक रहती है। व्यापार स्वामी के लंबे समय तक अनुपस्थित होने से कारोबार में नुकसान की संभावनाएँ उच्चतम होती हैं। कारोबार से जुड़ने पर व्यक्ति के पास अन्य गतिविधियों के लिए कम समय रह जाता है और वह कारोबार से संबंधित दैनिक कार्यों में डूबा रहता है। इसके एक बार किसी स्थान पर स्थापित हो जाने के बाद इसे वहाँ से हटाना पूँजी-प्रधान हो जाता है, जिससे कारोबार प्रभावित होता है। छोटे कारोबारी के लिए व्यापार न बढ़ने पर वित्तीय स्वतंत्रता देर से हासिल होती है। भले ही स्वामी पर्याप्त रूप से ज्ञानी और निपुण क्यों न हो गया हो, व्यापार को बढ़ाना आसान नहीं होता। संसाधनों की आवश्यकता

"मैं रोज सुबह 'फोर्ब्स' की अमेरिका के सबसे अमीर लोगों की सूची देखता हूँ। यदि मैं उनमें नहीं हूँ तो काम में जुट जाता हूँ।"

—रॉबर्ट ऑर्बेन

और पूँजीगत व्यय जैसी बाधाओं का समाधान खोजने में काफी वक्त लग जाता है।

शुरुआत में ट्रेडिंग स्वामी-केंद्रित प्रतीत होती है। हालाँकि समय के साथ इस प्रक्रिया को ट्रेडिंग कारोबार प्रबंधन के तौर पर सुगठित किया जा सकता है। किसी भी दूसरे पारंपरिक छोटे व्यापार की तुलना में इसमें आधार-तंत्र लागत बेहद कम है। ट्रेडर के सारा काम खुद करने के निर्णय के बाद भी उसके पास मनोरंजन के लिए काफी समय बच जाता है, क्योंकि उसका कार्य बाजार के परिचालन समय से संबंधित है। यदि वह अपनी ट्रेडिंग करने की जगह बदलना चाहे तो यह उसकी मरजी पर और परेशानी-रहित होता है। अपने टर्न-ओवर में वृद्धि या कारोबार को 1 से 10 गुना तक बढ़ाने के लिए उसे अनिवार्य रूप से बड़ी मात्रा में धनराशि को आधार-तंत्र या अन्य खर्चों में व्यय नहीं करना पड़ता। वित्तीय स्वतंत्रता को तेजी से हासिल किया जा सकता है, यदि बाजार परिस्थितियाँ उसकी ट्रेडिंग योजना के अनुकूल रहें।

धन, स्थान व समय के त्रिआयामी पहलुओं को देखें तो छोटे कारोबार स्वामी की तुलना में ट्रेडर बेहतर होता है। त्रिआयामी स्वतंत्रता हासिल करने का यह विशिष्ट पहलू बहुत से लोगों को अपने व्यवसाय हेतु ट्रेडिंग को चुनने के लिए प्रेरित करता है।

अपने स्वामित्व को सराहें

"मनुष्य को अपनी समस्याओं के लिए अपने परिवेश को दोष देना बंद कर देना चाहिए, और पुन: अपनी इच्छा-शक्ति—अपनी निजी जिम्मेदारी—को मजबूत करना सीखना होगा।" **—अल्बर्ट आइंस्टाइन**

"बुद्धि और परिपक्वता का चिह्न वह होता है, जब आप यह समझ जाते हैं कि आपके फैसले ही आपके पुरस्कारों और नतीजों का कारण हैं। अपने जीवन की जिम्मेदारी खुद आप पर है और आपकी सर्वोच्च सफलता उस पर निर्भर होती है, जिनका आप चुनाव करते हैं।" **—डेनिस वेटली**

"यह बहुत कष्टप्रद होता है, जब आप अपनी समस्याओं को देखते हैं और पाते हैं कि इनका कारण कोई दूसरा नहीं बल्कि स्वयं आप हैं।" **—सोफोक्लेस**

उपर्युक्त वक्तव्यों के बीच क्या समानता है ?

आपके जीवन के लिए पूर्ण रूप से आप जिम्मेदार हैं। अधिकांश लोगों के लिए हर चीज किसी दूसरे की गलती होती है। हर समस्या में कारणों सहित यह समझाया जा सकता है कि वे परिस्थितियों या परिणामों को क्यों प्रभावित नहीं कर

"अधिकतर व्यक्ति लक्ष्य प्राप्ति की क्रिया पद्धति को समझ नहीं पाते और अवसाद ग्रस्त हो जाते हैं। अत: इस पर ध्यान मत दो।" —डेविड सिखोसना

सकतीं, विशेष रूप से कार्यक्षेत्र में। अपनी जिम्मेदारी स्वयं अपने पर और सिर्फ अपने पर लेने से आप अपने आंतरिक और बाहरी जगत् के बीच के वास्तविक संबंधों के प्रति जागरूक हो जाते हैं। अपने जीवन के आप अकेले व एकमात्र निर्माता हैं। आपका जीवन जैसा है, इसके लिए किसी दूसरे को दोष नहीं दिया जा सकता। जिम्मेदारी लेकर हम अपने अनुभवों का नियंत्रण फिर से अपने हाथ में ले लेते हैं।

यह देखना बेहद दिलचस्प होता है कि किस तरह हमारा अवचेतन मन बहाने बनाता है और अपने कामों की जिम्मेदारी लेने के लिए तैयार नहीं होता। ऐसे कुछ बहाने हैं—

1. ऑफिस में मुझे ही सबसे ज्यादा काम करना पड़ता है। मेरी टीम का कोई भी व्यक्ति जरा भी हाथ नहीं बँटाता।
2. ट्रैफिक के कारण मुझे समय नहीं मिला।
3. मेरे बॉस चीजों को समझ नहीं पाते और उन्हें समझाना मेरे लिए टेढ़ी खीर है।
4. मेरा जीवन साथी पैसे की अहमियत नहीं समझता।
5. मेरे माता-पिता मुझसे सहमत नहीं होते।
6. मेरी शैक्षणिक पृष्ठभूमि पर्याप्त नहीं है।
7. मुझे पर्याप्त अनुभव नहीं है।
8. मुझे समय नहीं मिलता, क्योंकि मुझे कार्यक्रमों में शामिल होना होता है।

क्या आप भी उन लोगों में से हैं, जो किसी भी बात पर उपर्युक्त (या ऐसे ही अन्य) बहाने बनाते हैं? तब नीचे बताया कार्य करें और इसका कोई औचित्य है या नहीं, इस पर विचार करें।

एक कागज लें और उस पर अपने सभी बहाने एवं जीवन की समस्याओं को लिख लें। अपने जीवन की कोई भी समस्या या बहाना नहीं छोड़ें। एक बार जब आप संतुष्ट हो जाएँ कि आपने अपने सभी बहाने और समस्याएँ लिख ली हैं तो इस कागज को मोड़ें और निकट की किसी सुपर मार्केट या किराना स्टोर में चले जाएँ। वहाँ बस, एक नींबू खरीदें और नकद या कार्ड से भुगतान करने की जगह वह कागज का टुकड़ा देने का प्रयास करें। क्या आपको लगता है कि वह कैशियर या स्टोर कर्मचारी आपके बहानों या समस्याओं की सूची को स्वीकार कर लेगा? कदापि नहीं। क्योंकि आपके इन बहानों या समस्याओं का मोल दो रुपए भी नहीं है। तो फिर आप अपने इन बेकार के बहानों और समस्याओं को अपने जीवन की प्रत्येक घटना में बेचने का प्रयास क्यों करते हैं?

"लघु अवधि में बाजार वोटिंग मशीन जैसा है, लेकिन दीर्घावधि में यह वजन करने की मशीन जैसा है।"

—बेंजामिन ग्राहम

अत: अब इसी क्षण से अपने जीवन में हर चीज के लिए बहाने बनाना बंद करें। अपने कार्यों की जिम्मेदारी लें और निश्चित ही आपको एक अलग जीवन दिखाई देगा, जहाँ लोग आपके साथ अलग तरह का व्यवहार करेंगे और आप स्वत: ही अपनी पहचान बना लेंगे। यदि आपको अभी भी संदेह है तो इस चुनौती को अगले 24 घंटे के लिए स्वीकार करें। अपने जीवन में किसी भी चीज के लिए कोई बहाना या कारण न दें (मन में भी न लाएँ) और आप देखेंगे कि किसी तरह आप फिर से अपनी ताकत प्राप्त कर लेंगे।

अपने जीवन का दायित्व लेने में सबसे महत्त्वपूर्ण बात यह है कि यह इस बात को स्वीकार करना है कि आपका जीवन स्वयं आपका दायित्व है। कोई दूसरा आपके लिए यह जीवन नहीं जी सकता। इसके नियंत्रक आप हैं। भले ही आप अपने जीवन की घटनाओं के लिए दूसरों को कितना भी दोष दें, प्रत्येक घटना उस चुनाव का परिणाम है, जो आपने किया या कर रहे हैं।

अब सोचिए, बहाने केवल वही लोग बनाते हैं, जो कहीं नौकरी कर रहे होते हैं। आमतौर पर ये बहाने अप्रत्यक्ष रूप से आपकी तरक्की के तुलनात्मक होते हैं। आप अपने कार्यस्थल पर जितने अधिक बहाने बनाएँगे, आपकी तरक्की उतनी ही कम होगी और विपरीत होने पर इसका उलटा होगा। दुनिया के सभी सफल लोगों को देखिए, उन्होंने कभी भी किसी भी समय कोई बहाना नहीं बनाया। अपने कार्यों की जिम्मेदारी उन्होंने स्वयं ली और यही बात उन्हें बाकी भीड़ से अलग बनाती है।

यदि आप संतुष्ट हैं तो निम्न कार्यों की योजना बनाएँ—

1. आप अपने जीवन में जो कुछ भी पाना चाहते हैं, उसकी उलटे क्रम में सूची बनाएँ—सबसे उच्चतम प्राथमिकता वाले कार्य से लेकर सबसे निम्न प्राथमिकता वाले कार्य तक।
2. सभी आवश्यक संसाधनों की सूची बनाएँ।
3. अपनी समस्याओं और मजबूरियों को लिख लें।
4. आप इन समस्याओं और मजबूरियों को कैसे दूर करेंगे, इसकी सूची बनाएँ।
5. इस पर विचार करें कि आप किसी ऐसे व्यक्ति की मदद कैसे करेंगे, जिसके जीवन की किसी मजबूरी का कारण स्वयं आप हों।
6. शीर्ष से अंत तक सभी कार्यों का निष्पादन आरंभ करें।

"आप मूँगफलियाँ देंगे तो बंदर ही मिलेंगे।"

—जेम्स गोल्डस्मिथ

मानसिक बंदिशें तोड़ें, केंद्रित रहें

अधिकांश लोगों को ट्रेडिंग बस, लाल और हरे भड़कीले अंकों का समूह और चार्ट ही प्रतीत होता है, जिनका वास्तव में कोई अर्थ नहीं है। आपको अपने ट्रेडिंग अकाउंट को व्यावसायिक निवेश की तरह ही देखना चाहिए। आपको इस बात का जितनी जल्दी एहसास हो जाएगा कि इसके लिए भी उतना ही ध्यान केंद्रित करना होगा, जितना कारोबार चलाने के लिए करना पड़ता है, उतनी ही जल्दी आप इससे सकारात्मक लाभ की आशा रख सकते हैं। दीर्घावधिक ट्रेडिंग सफलता के लिए एक सबसे अहम कदम सुनियोजित और केंद्रित रहना है।

अपने ट्रेडिंग केंद्रण को बढ़ाने के चार तरीके हैं—

छोटी निगरानी सूची बनाएँ

स्वीकार करें, अब तक हम सबके पास ऐसी निगरानी सूची रही है, जो इतनी लंबी होती है कि इसे याद नहीं रखा जा सकता। जब भी बाजार अच्छा कर रहा होता है, हम अपनी निगरानी सूची में ढेर सारी स्क्रिप्ट्स को शामिल कर लेते हैं। अगर आप में कोई अलौकिक शक्ति न हो तो ऐसा कोई तरीका नहीं है, जिससे आप अपनी निगरानी सूची में शामिल इन सभी शेयरों पर नजर रख सकें। दो नावों की सवारी करने से कुछ नहीं मिलता। जब आपकी निगरानी सूची बहुत बढ़ी होती है तो बतौर ट्रेडर आप अपनी शक्ति खो बैठते हैं। इसलिए यह अधिक बेहतर रहेगा कि आप अपनी निगरानी सूची में कुछ ही स्क्रिप्ट्स को शामिल करें, जिससे आप अपना पूरा ध्यान इन पर केंद्रित रख सकें।

अपनी ट्रेडिंग शैली/प्रणाली को परिभाषित करें

हमें मान लेना चाहिए कि कोई भी व्यक्ति इतना क्षमतावान् नहीं है कि बाजार की हर चाल को समझ सके। इसलिए हमें ऐसी ट्रेडिंग प्रणाली का निर्माण करना होगा, जो केवल उच्चतम क्षमतावाली बड़ी चाल को ही पकड़ने में सक्षम हो। पैसा कमाने के लिए आपका हरफनमौला होना आवश्यक नहीं है। आपको बस, एक ट्रेडिंग शैली में पारंगत होकर उसमें निरंतर सुधार करते रहना होगा। ब्रूस ली के उस

"नौसिखिए ट्रेडर पाँच से दस गुना बड़े सौदे करते हैं। वे उन सौदों पर 5 से 10 प्रतिशत का जोखिम लेते हैं, जिन पर उन्हें 1 से 2 प्रतिशत का जोखिम लेना चाहिए।"

—ब्रूस कोवनर

विख्यात उद्धरण को याद कीजिए—"मुझे उस व्यक्ति से डर नहीं है, जिसने 10,000 दाँव केवल एक-एक बार दोहराए हों। मुझे उससे डर है, जिसने एक ही दाँव को 10,000 बार दोहराया हो।"

कम तकनीकी संकेतकों का उपयोग

यदि आपको हमारी पहले बताई बात याद हो तो सभी संकेतक भाव (और कुछ मामलों में वॉल्यूम) से ही निकाले जाते हैं, इसलिए ट्रेडिंग के दौरान बहुत अधिक संकेतकों का उपयोग करने से कोई फायदा नहीं होता। इससे क्या फायदा होगा कि आपका आर.एस.आई. तो खरीद के संकेत दे, जबकि एम.ए.सी.डी बेचने का संकेत करे और आपका 50 ई.एम.ए. ब्रेकआउट के लक्षण दिखा रहा हो? अपने ट्रेडिंग दृष्टिकोण को आसान रखें और अनावश्यक तकनीकी संकेतकों को हटा दें।

आदर्श सूचना आहार

खाद्यान्न आहार आपके स्वास्थ्य के लिए अच्छा है। इसी तरह सूचना आहार आपकी ट्रेडिंग के लिए अच्छा है। खबरों का आपकी ट्रेडिंग पर हमेशा बुरा प्रभाव पड़ता है। "अगर जॉन खरीदने को कह रहा है, लेकिन रेयान बेचने को तो आप क्या करेंगे? इसलिए अच्छा यही रहेगा कि आप अपने ट्रेडिंग दृष्टिकोण पर ध्यान दें, क्योंकि भेड़-चाल चलना कई बार हानिकारक भी हो जाता है।"

अनुशासन

सफल ट्रेडर बनने के लिए आपको अपनी भावनाओं पर लगाम लगाने और अपनी ट्रेडिंग योजना का पालन करने का अनुशासन होना आवश्यक है। यह सिद्धांत के तौर पर जितना सरल लगता है, उतना है नहीं।

लेकिन क्या आप जानते हैं कि आखिर एक ट्रेडर को अनुशासित रहने में कठिनाई का सामना क्यों करना पड़ता है और वह अपनी ट्रेडिंग योजना से बाहर जाकर सौदे करता है?

इसका कारण बेहद सहज व स्पष्ट है—

"निवेश को अधिकांशतः ऐसा होना चाहिए, जैसे पेंट को सूखते देखना या घास को उगते देखना। यदि आप रोमांच चाहते हैं तो 800 डॉलर लें और लॉस वेगास जाएँ।"

—पॉल सेमुएलसन

अवसर चूकने का डर

इसका कारण लालच है, जो आपके अवचेतन मन में संगृहीत रहता है। यह एक बड़ी समस्या है, विशेष रूप से नए ट्रेडर्स के लिए, क्योंकि वे सभी स्क्रिप्ट्स में हुए हर बड़े बदलाव का फायदा उठाना चाहते हैं। एक विशेषज्ञ ट्रेडर जानता है कि सभी स्क्रिप्ट्स के बड़े बदलावों का फायदा उठाना असंभव है और इसलिए वह सौदा करने के लिए केवल अपनी ट्रेड प्रणाली पर केंद्रित रहता है।

हम सबको समझना चाहिए कि बाजार यहाँ हमेशा रहनेवाला है और अच्छे अवसर हमेशा मिलते रहेंगे। अतः अच्छा यही रहेगा कि आप अपनी ट्रेडिंग प्रणाली में सुधार लाकर अपने ट्रेडिंग की धार तेज करें, जिससे आप अपनी ट्रेडिंग प्रणाली के आधार पर ट्रेड कर सकें, बजाय इसके कि स्क्रिप्ट के चूके अवसर को लेकर परेशान होते रहें।

ट्रेडिंग प्रणाली में आस्था की कमी

बहुत से नौसिखिए ट्रेडर किसी पुस्तक से या यू-ट्यूब वीडियो से ट्रेडिंग अवधारणा लेकर सीधे उस अवधारणा के आधार पर ट्रेड करने लगते हैं। वे इसे समझने का प्रयास नहीं करते। इस अवधारणा के प्रति अपने अधकचरे ज्ञान के कारण वे प्रत्येक स्क्रिप्ट में ट्रेडिंग की कल्पना करने लगते हैं और इसी वजह से ट्रेड करना आरंभ कर देते हैं।

अपनी ट्रेडिंग प्रणाली में आस्था की कमी की विषहर औषध पूर्ण व विस्तृत शोध है। इसके अतिरिक्त, आपको अपनी प्रणाली का अन्य काल और पूर्ण रूप से भिन्न बाजार परिस्थितियों में अतीत आधारित पूर्ण परीक्षण भी करना चाहिए।

ऊब

"कई बार लॉन्ग का समय होता है, कई बार शॉर्ट का समय होता है और कई बार ऐसा समय भी होता है कि मछली पकड़ने जाया जाए। एक अच्छा संकेत चार्ट से निकलकर अपने को स्वयं आपके सामने प्रकट कर देता है—और आप इससे चूक नहीं सकते। नौसिखिए चुनौतियाँ खोजते हैं, पेशेवर आसान सौदों की खोज करते हैं, विफल व्यक्ति क्रियाओं में भिड़े रहते हैं, जबकि पेशेवर सबसे अलग को तलाशते हैं।"

—जेसी लिवरमोर

"बाजार कभी गलत नहीं होता—मशवरे अकसर गलत हो जाते हैं।"
—जेसी लिवरमोर

"मैं रोमांच के लिए ट्रेड नहीं करता, जीतने के लिए करता हूँ।" **—लैरी हाइट**

दो बड़े ट्रेडर्स के ये वक्तव्य इस बात की सूचना देते हैं कि कई बार शेयर बाजार में भी कोई अवसर मौजूद नहीं होता। अच्छा यही रहेगा कि ऐसे समय बाजार से दूर रहा जाए।

यदि आप रोमांच या उत्तेजना चाहते हैं तो बंजीजंपिंग, स्काइ ड्राइविंग करें या कैसीनो में जाएँ; लेकिन शेयर बाजार से दूर रहें। इससे आपका बहुत सा पैसा व समय बच सकेगा।

बल्कि विशेषज्ञ ट्रेडर के लिए हर एक ट्रेडिंग अवसर उबाऊ होता है; क्योंकि यदि आपका जोखिम नियंत्रित है और आप अपनी प्रणाली द्वारा 1:2 के जोखिम-पुरस्कार सहित न्यूनतम 50 प्रतिशत सफलता अनुपात हासिल कर रहे हैं तो लंबे समय में आप हमेशा फायदे में रहेंगे। इस प्रक्रिया में रोमांच कहाँ है?

ट्रेड द्वारा प्रतिदिन न्यूनतम राशि कमाने पर जोर

कुछ लोगों को लगता है कि वे काफी होशियार हैं और वे प्रतिदिन न्यूनतम राशि कमाने की योजना विकसित कर सकते हैं, फिर भले ही बाजार के हालात चाहे जैसे भी हों।

यह अच्छा विचार नहीं है, क्योंकि आप यहाँ रोजाना मजदूरी नहीं कर रहे—आप बाजार में ट्रेडिंग कर रहे हैं।

सबसे उचित यही है कि ट्रेडिंग के अवसर का पूरा लाभ उठाया जाए (बजाय इसके कि थोड़े मुनाफे पर निकास कर जाएँ) और उस समय ट्रेड करने से बचा जाए, जब आपको बाजार में कोई अवसर न दिखाई दे रहा हो।

निरंतर प्रयास

इस बात से कोई फर्क नहीं पड़ता कि आप क्या कर रहे हैं? कई बार ऐसा समय भी आता है, जब चीजें आपकी योजना के अनुसार नहीं होती हैं और आपको ऐसा महसूस होता है कि हर चीज आपके खिलाफ कार्य कर रही है। यही वह समय है, जब निरंतर प्रयास अहम भूमिका निभाता है। व्यक्ति को सदा उस लक्ष्य की ओर बढ़ते रहना चाहिए, जिसे उसने आरंभ में तय किया था, भले ही कोई बाहरी घटना या शुरुआती नुकसान उसे अपना लक्ष्य हासिल करने के मार्ग पर कुछ धीमा कर दे या अस्थायी रूप से बाधित कर दे।

इस मामले में स्टीव जॉब्स एक बेहतरीन उदाहरण हैं। वे कई दशकों तक

'एप्पल' के लिए काम करते रहे। उन्होंने स्वास्थ्य बिगड़ने के बावजूद काम जारी रखा और 'एप्पल' को दुनिया की सबसे सफल, नव-प्रवर्तनकारी और लोकप्रिय कंपनियों में से एक बनाया।

अधिकांश ट्रेडर्स तेजी से तथा न्यूनतम प्रयासों द्वारा सफल होने की उम्मीद करते हैं। यह काम नहीं आता। स्टीव जॉब्स की ही तरह आपको भी दीर्घकाल तक ट्रेडिंग (या ट्रेडिंग प्रणाली) से चिपके रहना होगा और चीजों को अल्पकालिक दृष्टिकोण से देखने की प्रवृत्ति से बचना होगा। यही सफलता की सच्ची वास्तविकता है।

□

"मात्र इच्छा और संकल्प ऐसी किसी चीज का विकल्प नहीं हो सकते, जो वास्तव में कार्य करती हो।"
—जैसन क्लाट

अध्याय-10

काश! मेरा कोई परामर्शदाता होता

जैसाकि शब्दकोश में बताया गया है, परामर्शदाता एक अनुभवी व विश्वसनीय सलाहकार होता है। चलिए, एक काल्पनिक स्थिति पर विचार करते हैं—आप हाई-वे पर यात्रा कर रहे हैं और आपकी कार खराब हो गई है। आप समस्या को सुलझाने में अपने पूरे ज्ञान का उपयोग कर रहे हैं। इस बुरे स्वप्न जैसी स्थिति में आपके पास एक ऐसा व्यक्ति आ जाता है, जो संयोगवश एक कुशल मेकैनिक है। वह आपसे कुछ सवाल पूछता है, समस्या को ढूँढ़ता है और शीघ्र ही आपको न केवल समाधान बताता है, बल्कि यह भी बताता है कि उसने इस समस्या का समाधान कैसे किया? जी हाँ, एक परामर्शदाता भी बिलकुल यही करता है। वह आपको आपकी मुश्किल से बाहर निकालकर ऐसे मार्ग पर ले आता है, जिससे आपकी यात्रा सुगम हो सके।

दुनिया भर में परामर्शदाताओं ने किसी विषय को सीखने में अत्यधिक योगदान दिया है। यह जरूर संभव है कि सीखे गए ज्ञान को गलत तरीके से उपयोग किया जाए। इसे गलत तरीके से उपयोग करने का परिणाम आपकी प्रगति में बाधा बन सकता है। एक गुरु या परामर्शदाता ज्ञान का कार्यान्वयन करता है, सफलता पाने और अत्यधिक विशेषज्ञता हासिल करने की दिशा में आगे बढ़ता है। वह ऐसे प्रतिबद्ध व्यक्तियों की मदद करता है, जो समाधान तलाश रहे हों।

शानदार गतिवर्धक

मुझे सब पता है—हम में से बहुत से लोगों को लगता है कि उनमें सफल होने योग्य भरपूर ज्ञान है। हम लगातार उन रणनीतियों या पद्धतियों को कार्यान्वित करते रहते हैं, जिनके बारे में हमारा मानना है कि ये काम करेंगी। विडंबनात्मक रूप से

"पैसे गँवाने के साथ ही आपकी राय भी बेमानी हो जाती है।"
—एडम ग्रिम्स

बाहरी परिवेश अधिकांश मामलों में हमें गलत साबित कर देता है। इसके बावजूद हमारा आंतरिक अहम नई पद्धतियों को आजमाना जारी रखता है, जिनसे परिणाम हासिल हो सकें। यदि ध्यानपूर्वक देखें तो विफलता की कहानियों वाले लोगों के लिए सलाह और मार्गदर्शन लेना अपनी पहचान के लिए खतरा हो जाता है। कई बार परामर्शदाता के पास जाने को सही निवेश की जगह अतिरिक्त वित्तीय बोझ माना जाता है। अपने आप करने के दृष्टिकोण में अगुआ के अनुपालन से अधिक समय एवं निवेश करना पड़ता है। तो, अब समय आ गया है कि अपने अहं को एक तरफ रखें और अपने मन को पैराशूट की तरह खोलकर अपने आपको और गिरावट से बचाएँ।

किसी भी उद्देश्य–आधारित व्यक्ति का लक्ष्य उत्कृष्टता होता है। यदि आप ट्रेडिंग में एक निश्चित धनराशि द्वारा अपने खुद के प्रणालीबद्ध प्रयासों से अपना सपना पूरा करना चाहते हैं तो इसके लिए आपको काफी समय देना होगा। क्या हो, यदि परामर्शदाता इस समय को घटा सके! इस प्रक्रिया में आपकी यात्रा गति बढ़ जाती है। यह वही संदर्भ है, जहाँ आपका परामर्शदाता आपकी यात्रा का शानदार गतिवर्धक होगा।

कुछ लोगों का यह मानना होता है कि ट्रेडर्स या किसी भी उद्यमी को परामर्शदाताओं की आवश्यकता नहीं होती। यद्यपि परामर्शदाता आपके कॅरियर में कई स्तरों पर बड़ी भूमिका निभाता है, विशेष रूप से शुरुआती दिनों में। एक विशेषज्ञ परामर्शदाता आपके सोचने के ढंग को चुनौती देता है, क्योंकि उसने आपसे कहीं ज्यादा दुनिया देखी है। वे लंबे समय से समस्याओं का नए तरीकों से समाधान करते आ रहे हैं।

कई बार परामर्शदाता की छोटी–सी सलाह आपकी सोच को हमेशा के लिए बदल सकती है। ऐसा एक शानदार 'पल' एक साल की कड़ी मेहनत से ज्यादा बेहतर परिणाम दे सकता है। किसी परामर्शदाता को काम पर रखने में सबसे बड़ी बाधा आपका अपना गर्व (या घमंड) होता है। याद रखिए, लगभग प्रत्येक सफल व्यक्ति खुले मन का रहा है, और फिर ये चाहे आपको पसंद हो या नहीं, उन सभी के परामर्शदाता रहे हैं।

टिप्पिंग पॉइंट्स/जी.पी.एस.

"ज्ञान में किए निवेश का सबसे अच्छा ब्याज मिलता है।"

—बेंजामिन फ्रैंकलिन

अधिकांश समस्याओं का कारण हमारे विचारों का सीमित होना है। मन को

"अपना मुनाफा खुद ले जाएँ, अन्यथा आपके नाम पर इसे कोई और ले जाएगा।"
—जे.जे. इवांस

सीमाबद्ध क्यों करें? क्या व्यक्ति इस सीमा को बढ़ा सकता है? हाँ, सीमा-पार विचार करने के लिए अपने आपको निरंतर उन्नत करते रहना आवश्यक है और इसमें समय और पैसा—दोनों लगते हैं। परामर्शदाता के साथ से काम को अधिक तेजी से कर सकते हैं। याद रखिए, दुनिया में सबसे बेहतरीन निवेश अपने पर निवेश करना है।

गुरु के महत्त्व का बखान करते हुए विख्यात रहस्यवादी सद्गुरु जग्गी वासुदेव कहते हैं, "जब आप किसी अनजाने क्षेत्र में ड्राइव कर रहे होते हैं तो जी.पी.एस. का उपयोग करते हैं। एक अजीब सी महिला आपको कहती है, 'बाएँ मुड़ जाएँ।' और आप बाएँ मुड़ जाते हैं। और जब वह कहती है, 'दाएँ मुड़ जाएँ।' तो आप दाएँ मुड़ जाते हैं—क्यों? सिर्फ इसलिए, क्योंकि आप उस क्षेत्र से अनजान हैं। जब आप किसी अनजाने क्षेत्र में होते हैं तो निर्देश लेना समझदारी की बात है।" ऐसा ही ट्रेडिंग, निवेश या किसी भी नए व्यवसाय में भी है, जहाँ ऐसा गुरु या परामर्शदाता होना अच्छा होता है, जो हमें सही दिशा में निर्देशित कर सके।

हम में से कुछ लोग इतने चतुर हैं कि सोचते हैं कि पहले हम उपलब्ध संसाधनों और पूँजी द्वारा पहले ट्रेडिंग से कुछ पैसा कमा लें और तब किसी परामर्शदाता से काम लेंगे। यह कुछ ऐसा है जैसे कोई किसान पहले ही रिटर्न या मुनाफे की आस लगा ले, बजाय इसके कि अपना निवेश और मेहनत बीज व खाद खरीदने तथा बीज बोने में लगाए। उसे सबसे पहले इन सब चीजों में निवेश करना होगा और तभी वह रिटर्न की उम्मीद रख सकता है। इसके बावजूद वास्तविक जगत् में हम जीवन के सभी पहलुओं में यह गलती सहज ही कर जाते हैं।

अपनी पुस्तक 'टिप्पिंग पॉइंट' में मेलकॉम ग्लैडवेल बताते हैं कि किस तरह छोटी चीजें बड़े परिवर्तन कर सकती हैं। बहुत से ट्रेडर मानते हैं कि परामर्शदाता जो कुछ भी कहते हैं, वह सार्वजनिक रूप से मुफ्त उपलब्ध है। गुरु उस प्रक्रिया को सरल बनाते हैं। वे केवल जरूरी जानकारी को चुनते व प्रदान करते हैं और स्पष्ट बोध हेतु सभी बिंदुओं का मिलान करते हैं। अलग-अलग क्षेत्रों के बहुत से सफल लोगों ने परामर्शदाता होने के महत्त्व को रेखांकित किया है और इस तरह गुरु पोजीशनिंग सिस्टम मशहूर लोगों की मदद करता है।

बर्कशायर-हैथवे के सी.ई.ओ., वॉरेन बफे माइक्रोसॉफ्ट के सह-संस्थापक बिल गेट्स के परामर्शदाता रहे हैं। गेट्स ने स्वीकार किया है कि बीते वर्षों में वे

"वॉल स्ट्रीट में होनेवाले बहुत से नुकसानों का कारण कैसी भी परिस्थितियों में निरंतर कार्य करने की इच्छा होती है।"

—जेसी लिवरमोर

विभिन्न विषयों से संबंधित सलाह के लिए बफे के पास जाते रहे हैं और वे अकसर बफे को 'अपनी तरह का इकलौता' बताते हैं।

ओप्रा विनफ्रे को मशहूर लेखक और कवि, स्व. माया एंजेलोव परामर्श देती थीं। उनका कहना है कि "परामर्शदाता बेहद अहम हैं, और मुझे नहीं लगता कि इस दुनिया में ऐसा भी कोई है, जिसने किसी-न-किसी रूप में परामर्श न लिया हो।"

स्टीव जॉब्स फेसबुक के सी.ई.ओ. मार्क जुकरबर्ग के परामर्शदाता रहे हैं। उन्होंने अपनी फेसबुक पोस्ट पर साझा किया कि "स्टीव, मेरा परामर्शदाता और दोस्त बनने के लिए आपका बहुत-बहुत धन्यवाद। यह दरशाने के लिए धन्यवाद कि आपने जो बनाया है, वह दुनिया बदल सकता है। मुझे आपकी बहुत याद आएगी।"

वर्जिन ग्रुप के सह-संस्थापक रिचर्ड ब्रैनसन स्वयं व्यक्तिगत रूप से मेंटर-मेंटी रिश्ते से लाभान्वित हुए हैं। "सर फ्रेडी लेकर का परामर्श नहीं होता तो विमानन उद्योग में मैं कहीं नहीं होता।" ब्रैनसन ने कहा था।

जिम रॉन के परामर्श के कारण ही टोनी रॉबिंस अपने जीवन के नए अनुभव का निर्माण कर सके और जिससे लाखों लोगों के जीवन में परिवर्तन आया।

परामर्शदाता होने का सबसे बड़ा फायदा यह होता है कि आपकी उनके नेटवर्क तक सीधी पहुँच हो जाती है। जिम रॉन का विख्यात उद्धरण है, "आप औसत उन पाँच लोगों जैसे हो जाते हैं, जिनके साथ सबसे अधिक समय बिताते हैं।" और परामर्शदाता होने पर आप अपने 20 से 25 प्रतिशत समय इसी परामर्शदाता के साथ बिताते हैं। इससे आपको स्वतः ही अपने परामर्शदाता के गुणों को आत्मसात् करने में मदद मिलती है, जो आपके अपने व्यवसाय में सफल होने में उपयोगी सिद्ध होती है। अपने परामर्शदाता से आपको प्रासंगिक जानकारियाँ मिलती हैं और कई बार वे आपके कार्यक्रमों को स्पॉन्सर भी कर देते हैं। सबसे महत्त्वपूर्ण, यदि आप अनुशासित और जल्दी सीख जाने वाले हैं तो आपको अपने परामर्शदाता के साथ भागीदारी में काम करने का अवसर भी मिल सकता है; क्योंकि बहुत से सफल लोग मेंटरशिप कार्यक्रम या प्रशिक्षण कार्यक्रम द्वारा द्वितीय स्तर की लीडरशिप टीम की खोज करते हैं, जिससे वे अपने व्यापार को विस्तार दे सकें।

उम्मीदों को सँभालना और विश्वास-निर्माण

परामर्श देने में समय लगता है और इसमें परामर्शदाता व परामर्श प्राप्तकर्ता—

"कभी भी जीत को अपने दिमाग पर और हार को अपने दिल पर हावी न होने दें।"
—चक डी.

दोनों को ही त्याग करने पड़ते हैं। विश्वास तोड़नेवाले किसी भी व्यवहार से बचें, जैसे मिलने का समय रद्द करना या परामर्शदाता की दी सलाह के आगामी परिणामों व संपर्कों का अनुसरण न करना।

परामर्श कौशल व क्षमता हासिल करना

अपने परामर्शदाताओं के महान् कौशल पर ध्यान दें। इस कौशल में सुनना, मार्गदर्शन, संस्तुति और बुद्धिमत्ता शामिल रहती है। अपने परामर्शदाता से सुधारात्मक प्रतिपुष्टि मिलने पर सुरक्षात्मक न हों। याद रखिए, आपके परामर्शदाता प्रतिपुष्टि दे रहे हैं, आलोचना नहीं कर रहे। बात को सुनने और आत्मसात् करने जितने सकारात्मक रहें और आपने जो कुछ भी सीखा है, उसे कार्यान्वित करने के लिए फौरन कदम उठाएँ।

अपने परामर्शदाता के समय का सम्मान करें

उनसे अधिक समय या अधिक संपर्कों के नाम जानने की माँग करके उन पर बोझ न बढ़ाएँ। इस बात को समझिए कि जिस क्षण आपने जानकारी पाने का निर्णय लिया है, संभव है, यह उनके लिए ठीक समय न हो। इसलिए धैर्य रखें।

नव-प्रवर्तक व रचनात्मक बनें

बतौर परामर्श प्राप्तकर्ता व्यक्ति को अपने परामर्शदाता को उन गतिविधियों और अभ्यासों के सुझाव देने चाहिए, जिन्हें आप साथ कर सकते हैं। इसकी प्रतिक्रिया-स्वरूप परामर्शदाता को अपने विचार साझा करने चाहिए। सलाह दें और नए विचारों का स्रोत बनें।

चूँकि लोग भिन्न पृष्ठभूमियों और अनुभवों से आते हैं, इसलिए एक-दूसरे को व्यक्तिगत आधार पर जानने में समझदारी है, जिससे परामर्शदाता और प्राप्तकर्ता के बीच का रिश्ता आपकी यात्रा में शीर्ष बिंदु बन सके।

पॉल टुडोर जोंस

19 अक्तूबर, 1987 को काले सोमवार (ब्लैक मंडे) के तौर पर संदर्भित किया जाता है। इस दिन डाऊ जोंस (डी.जे.आई.ए.) एक ही दिन में लगभग 22.6

“कुछ लोग जूते बनाते हैं, कुछ लोग घर बनाते हैं। हम पैसे बनाते हैं और लोग हमें इसके लिए ढेर सारा पैसा देने को तैयार हैं कि हम उनके लिए पैसे बनाएँ।”

—मॉनरो ट्रॉट

प्रतिशत या 500 अरब डॉलर गिरा। इस घटना के कारण यह वित्तीय इतिहास का सबसे बदनाम दिन है। महीने के अंत तक अधिकांश बड़ी एक्सचेंज 20 प्रतिशत से अधिक तक गिर गईं। इस गिरावट के फौरन बाद फेडरल रिजर्व ने हालात को स्वयं नियंत्रित करने का फैसला किया और लघु-आवधिक ब्याज दरों को घटा दिया, जिससे मंदी और बैंकिंग संकट से बचा जा सके।

जब सारी दुनिया इन नुकसानों से पीड़ित थी, जोंस को इस गिरावट की जरा भी चिंता नहीं थी, बल्कि उनके फ्यूचर फंड ने 62 प्रतिशत का हैरान करनेवाला रिटर्न दर्ज किया। चीजें उस समय और आश्चर्यजनक हो गईं, जब उनके फंड ने बेहद कम इक्विटी चाल के बाद भी पाँच सालों तक लगातार त्रि-अंकीय रिटर्न प्रदान किया।

जोंस ने फंड प्रबंधन की शुरुआत सितंबर 1984 से की, जिसमें उनका कुल फंड 15 लाख डॉलर था। चार साल की अवधि में उनके फंड में 1,748 प्रतिशत (17 गुना अधिक) से भी अधिक की बढ़ोतरी हुई। अब उनके पास 33 करोड़ डॉलर थे।

जब जोंस कॉलेज में थे, उस दौरान उन्होंने रिचर्ड डेनिस का एक लेख पढ़ा, जिसने उन पर गहरी छाप छोड़ी। उन्होंने फैसला किया कि उनके लिए ट्रेडिंग ही दुनिया का सबसे बेहतरीन पेशा है और उन्होंने अपने अंकल बिली डुनावेंट से ट्रेडिंग में अपना कॅरियर आरंभ करने के लिए मदद माँगी। उनके अंकल ने उन्हें विख्यात कपास व्यापारी एलीटुलिस के पास भेज दिया।

एली टुलिस दुनिया के सबसे बेहतरीन ट्रेडर्स और निवेशकों में से एक पॉल टुडोर जोंस के परामर्शदाता थे। कपास बाजार में उनका अकेले का ट्रेड पोजीशन आकार 3,000 कॉण्ट्रैक्ट का था, जबकि संपूर्ण बाजार का साझा कारोबार मात्र 30,000 का था। एली के स्थिर स्वभाव और दृष्टिकोण से जोंस प्रभावित हुए। इससे जोंस को शीर्ष पर पहुँचने के बाद अपनी भावनाओं और स्वभाव को स्थिर करने में मदद मिली।

टुलिस ने जोंस को सिखाया कि बड़ी पोजीशन का प्रबंधन और निकास कैसे करना है। क्योंकि जब ट्रेडर कोई बड़ा सौदा करता है तो उसे उस समय बाहर निकलना चाहिए, जब बाजार उसे बाहर निकलने की अनुमति दे, न कि तब जब वह बाहर निकलना चाहता हो।

□

"उस चीज का सौदा कीजिए, जो घट रहा हो, न कि उसका, जिसके घटने की आप कल्पना करते हों।"

—डॉग ग्रेगोर

साक्षात्कार

सुरभि चौहान

परिचय

सुरभि चौहान सबसे युवा महिला ट्रेडर व फंड मैनेजरों में से एक हैं। इन्होंने ट्रेडिंग और निवेश गतिविधियों की शुरुआत 17 साल की उम्र से की। इन्होंने जे.पी. मॉर्गन, कोटेक सिक्यूरिटीज और अल्केमी कैपिटल मैनेजमेंट में काम करने के बाद वंडर स्टॉक्स (https://wonderstocks.in/) नाम से अपनी कंपनी आरंभ की है।

सुरभि ट्विटर और फेसबुक पर क्रमशः 'wonderwoman991' और 'wonderstocks' नामों से सक्रिय हैं।

आपने ट्रेडिंग की शुरुआत कैसे की

बारहवीं कक्षा के बाद मैं सेंट जेवियर कॉलेज (भारत के सबसे बेहतरीन कॉलेजों में से एक) से स्नातक करने के लिए मुंबई चली गई। कॉलेज के पहले ही साल में मुझे फॉरेक्स ब्रोकिंग फर्म में इंटर्नशिप मिल गई। प्रशिक्षण अवधि के दौरान मेरे अच्छे प्रदर्शन को देखते हुए कंपनी महाप्रबंधक ने मुझे अंशकालिक आधार पर बतौर फॉरेक्स डीलर काम करने का प्रस्ताव दिया। मैंने इसे स्वीकार कर लिया। कुछ ही महीनों बाद मेरी प्रगति से प्रसन्न होकर उन्होंने मेरा इक्विटी जगत् से परिचय करवाया। शुरुआत में उन्होंने मुझे कंपनियों के नामों की एक सूची दी और मुझे उनका अध्ययन व विश्लेषण करने के लिए कहा। साथ ही, उन्होंने मुझसे प्रतिदिन 'फाइनेंशियल' समाचार-पत्र पढ़ने को भी कहा। एक दिन उन्होंने मुझे 5 लाख रुपए दिए और उन्हें मुझे उन शेयरों में लगाने को कहा, जिनमें मेरे विचार से अच्छा रिटर्न मिल सकता है। उस समय मैंने जिस शेयर को चुना, वह आयशर मोटर्स था और वह आज भी उनके पोर्टफोलियो का हिस्सा है। इस बीच, मैंने अपने खुद के पोर्टफोलियो निर्माण पर ध्यान देना आरंभ किया, और यहीं से मेरी इक्विटी यात्रा की शुरुआत हुई।

"यदि आप जोखिम का सम्मान नहीं करते तो अंत में यह आप पर हावी हो जाएगा।"
—लैरी हाइट

स्नातक के पश्चात् और वित्तीय बाजार से मेरे परिचय स्तर के आधार पर महाप्रबंधक ने मुझे सबसे बेहतरीन फर्मों में से एक—जे.पी. मॉर्गन में भेजा। तब से मेरे सीखने में कोई कमी नहीं रही। मैंने कोटेक सिक्यूरिटीज और अल्केमी कैपिटल मैनेजमेंट जैसे संस्थानों में काम किया, जहाँ मैंने हाई नेटवर्थ क्लाइंट्स का फंड प्रबंधन करना आरंभ किया। इसके साथ ही मैंने अमेरिका से अपना सी.एफ.ए. पूरा किया। व्यक्ति सीखना कभी बंद नहीं कर सकता, लेकिन इससे पहले उसे अपनी प्राथमिक शिक्षा पूरी कर लेनी चाहिए। जैसा कहा भी जाता है, "एक बार जब हम सीखना बंद कर देते हैं तो मर जाते हैं, या कम-से-कम विकसित नहीं होते।"

इन संस्थानों में काम करते हुए मेरा ध्यान अपने पोर्टफोलियो प्रबंधन से कभी नहीं हटा, बल्कि मैंने काम के दौरान मिले अपने सारे ज्ञान को शेयरों को चुनने में लगा दिया। अच्छा अनुभव हो जाने के बाद मैंने अपनी नौकरी से इस्तीफा दिया और पूर्णकालिक फ्यूचर ट्रेडिंग आरंभ कर दी। इस बीच मैंने अति-विश्वास और अहं के कारण कुछ गलतियाँ भी कीं। मनोविज्ञान की अच्छा ट्रेडर बनने में अहम भूमिका होती है। हमें बचपन से ही केवल जीतने के लिए प्रोग्राम किया जाता है, और यही मनोवृत्ति शेयर ट्रेडिंग के दौरान विवेकपूर्ण सोच पर हावी हो जाती है। हम अपने सभी सौदों में सफल होना चाहते हैं। यह स्वीकार करना मुश्किल होता है कि आप गलत हैं, क्योंकि गलत होने का मतलब नुकसान उठाना है। नुकसान अर्थात् विफलता, और हमें उचित रूप से कभी नहीं सिखाया जाता कि विफलताओं को कैसे स्वीकार करें?

ट्रेडिंग में बिलकुल यही होता है। नौसिखिया ट्रेडर्स अपने नुकसान से पहले नहीं काटते; उनका अहं इसे बढ़ाता रहता है और वे जीतने की आशा लिये बैठे रहते हैं। यह सब देखकर मुझे एहसास हुआ कि आपकी ऊँचाई आपके दृष्टिकोण से नहीं, बल्कि आपकी योग्यता से तय होती है।

आप किन बाजारों में ट्रेड करती हैं और आपकी ट्रेडिंग शैली क्या है?

मैं आमतौर पर इक्विटी में ट्रेड करती हूँ और अपने पोर्टफोलियो को हेज करने में एफ.एंडओ. (फ्यूचर्स एंड ऑप्शंस) का उपयोग करती हूँ। मैं रेंज में ट्रेड नहीं करती और मैं रेंजिंग बाजारों में ब्रेकआउट ट्रेडिंग को प्राथमिकता देती हूँ। भाव पैटर्न और वॉल्यूम ब्रेकआउट तय करता है कि ट्रेड खुला रहेगा। मैं तब भी ट्रेड नहीं करती, जब स्पष्ट अवसर न दिखाई दें।

"बाजार उससे ज्यादा देर तक स्थिर रह सकता है, जितना आप सुस्थिर रह सकते हों।"
—जॉन मेनार्ड केनेस

बतौर ट्रेडर, विकसित होने में आप पर सबसे अधिक प्रभाव किसका पड़ा?

गलतियाँ स्वीकार करने की क्षमता : मैं जब भी ट्रेडिंग के दौरान कोई बड़ी गलती कर जाती हूँ तो उसे लिख लेती हूँ, जिससे एक सबक और जुड़ने के साथ ही यह भविष्य में फिर से याद दिलाने का साधन भी बन सके और मैं इस नए अनुभव के आधार पर अपनी ट्रेडिंग प्रक्रिया परिवर्तित कर सकूँ। इस तरह से गलतियाँ बतौर ट्रेडर सतत सुधार की महत्त्वपूर्ण सामग्री बन जाती हैं।

निरंतर सीखते रहने की इच्छा : हम सबसे खराब जो चीज कर सकते हैं, वो है सीखना बंद करना। हमारी प्रवृत्ति जीवन में स्थिरता आने पर आत्म-संतुष्टि की होती है। सतत लाभकारी ट्रेडर के रूप में विकसित होने के लिए आपको निरंतर अवसरों की खोज करते रहना चाहिए। मैं हर समय बाजार के बारे में और अपने विचारों को कार्यान्वित करने के नए तरीकों के बारे में सोचती रहती हूँ। जीवन एक सतत सीखनेवाली प्रक्रिया है।

अपने किसी सबसे सफल सौदे के बारे में बताएँ

कुछ स्टॉक्स के चक्र होते हैं। मैंने ग्रेफाइट इंडिया को 11 सितंबर, 2017 को 261 पर खरीदा। इससे पाँच महीने से भी कम समय में यह स्टॉक 810 से भी ऊपर लगभग तीन गुना अधिक हो गया। मैंने जनवरी 2018 के पहले हफ्ते में इनमें से आधे को 860-880 रुपए की रेंज के बीच बेच दिया। यह घटना-आधारित सौदा था, जिसका आधार चीनी प्रदूषण नियंत्रण मानक था। चीन ने प्रदूषण नियंत्रण मानकों के आधार पर अधिक संख्या में ई.ए.एफ. (इलेक्ट्रिक आर्क फर्नेस) स्थापित करने की शुरुआत की और ग्रेफाइट इलेक्ट्रोड्स वह एकमात्र वाणिज्यिक उपलब्ध पदार्थ था, जो इन ई.ए.एफ. में उपयोग हो सकता था। अतः इससे इलेक्ट्रोड्स की माँग बढ़ गई, जिससे इनके भाव में तीन गुना की वृद्धि हुई। दुनिया भर में ग्रेफाइट इलेक्ट्रोड्स का निर्माण करनेवाली कंपनियों में से एकमात्र होने के कारण इसका पूरा लाभ ग्रेफाइट इंडिया को मिला। कुछ व्यापारियों के लिए अपनी बैलेंस शीट की क्षतिपूर्ति के लिए इस अस्थायी भाव वृद्धि का अत्यधिक प्रभाव हुआ और कई बार इससे उनका भाग्य भी बदल जाता है। यही ग्रेफाइट इंडिया के साथ भी हुआ। दूसरी तिमाही में उसकी आय में 464 प्रतिशत का इजाफा हुआ, जो 90 करोड़ रुपए था।

"उम्मीद एक झूठी भावना है, जिसकी कीमत पैसे से चुकानी पड़ती है।"

—जिम क्रेमर

आप अभी शुरुआत करनेवाले ट्रेडर्स को क्या सलाह देंगी?

बहुत अधिक लीवरेज न करें। लीवरेज एक औजार है। यह न अच्छा है, न बुरा। हालाँकि इस औजार का तब सबसे अच्छा उपयोग हो सकता है, जब आपको अनुभव हो जाए और अपनी निर्णय लेने की क्षमता पर विश्वास हो। जब आप दीर्घावधिक मुनाफा सुनिश्चित करने की शुरुआत कर रहे हों तो अपने जोखिम को सीमित रखें।

आपने ट्रेडर्स को वह कौन सी बड़ी गलती करते देखा है, जिसे आसानी से सुधारा जा सकता है?

सबसे पहली स्टॉप लॉस लगा पाने में विफल रहना। सख्ती से स्टॉप लॉस लगाने का मतलब है कि नुकसान के बड़ा होने के पूर्व ही उसे रोक दिया जाए। दूसरी गलती है, जो सुना है, उसका अंधानुकरण करना। ऐसा करके ट्रेडर्स को अंततः न केवल अच्छे शेयरों के लिए अधिक भुगतान कर जाते हैं या स्टॉक्स में ऐसी शॉर्ट पोजीशन लेते हैं, जो पहले ही गोता लगा चुके होते हैं और अब संभवतः वापस लौटने के कगार पर होते हैं।

ट्रेडर्स के पढ़ने के लिए कोई तीन पुस्तकें बताएँ।

हाउ टू ट्रेड इन स्टॉक्स—ले. जेसी लिवरमोर

जेसी लिवरमोर, जो शायद अब तक की सबसे महान् ट्रेडर रही हैं, ने अपनी निवेश रणनीति की रूपरेखा बताने के साथ ही ट्रेडिंग को बेहद तार्किक और सुसंगत तरीके से तथा ठोस व प्रभावपूर्ण दलीलों के साथ पेश किया है।

ट्रेडिंग इन द जोन—ले. मार्क डगलस

यह पुस्तक ट्रेडिंग के मनोविज्ञान और एक सफल ट्रेडर की तरह विचार करने के लिए आवश्यक कदमों पर केंद्रित है। साथ ही, यह भावात्मक जोखिमों को दूर करने पर भी बात करती है।

द स्टॉक ट्विट्स एज : 40 एक्शनेबल ट्रेड सेटअप्सफ्रॉम रियल मार्केट प्रोज

यह रिटेल ट्रेडर्स के लिए बाजार विश्वकोश है और इससे महत्त्वपूर्ण, इसके प्रत्येक अध्याय के लेखक की सोशल मीडिया पर सक्रिय उपस्थिति है। □

"नौसिखिया विचार करते हैं कि वे कितने पैसे बना सकते हैं? पेशेवर विचार करते हैं कि वे कितना पैसा खो सकते हैं?"

—जैक स्वेजर

सौम्य मलानी

परिचय

सौम्य मलानी शेयरबाजारएप्प के सह-संस्थापक हैं। यह इंस्टीट्यूट ऑफ चार्टर्ड अकाउंटेंट्स ऑफ इंडिया (आई.सी.ए.आई.), दुबई में प्राध्यापक हैं। उनकी प्रतिभा के अनुरूप उन्हें ऑल इंडिया नेशनल अकाउंटिंग टैलेंट हंट में दो बार 'ब्रिलिएंट परफॉर्मेंस अवॉर्ड' मिला है।

आपने ट्रेडिंग की शुरुआत कैसे की?

मैं सौभाग्यशाली रहा कि मेरे दादाजी शेयर बाजार में ट्रेड और निवेश करते थे। उनमें इसके प्रति जुनून था। अपनी किशोरावस्था के दिनों में मैं अकसर उनसे शेयर बाजार कैसे काम करता है, कंपनियों को किस तरह चुना जाए आदि जैसे बहुत सारे प्रश्न करता रहता था। हालाँकि उस समय मैं शेयर बाजार की जटिल दुनिया का सार समझने के लिए काफी छोटा था, लेकिन एक चीज मैं स्पष्ट तौर पर समझ गया था—शेयर बाजार खराब जगह नहीं है, बल्कि यह अपनी बचत को बढ़ाने का शानदार माध्यम है।

जब मैं लंदन स्कूल ऑफ इकोनॉमिक्स (एल.एस.ई.) से अकाउंट्स एंड फाइनेंस में स्नातकोत्तर कर रहा था, मैंने ट्रेड व निवेश आरंभ कर दिया था। शेयर बाजार के प्रति अपने जुनून के कारण मैं पूर्णकालिक ट्रेडर एवं निवेशक बन गया। मैं सोचता हूँ कि मुझे सबसे बड़ा फायदा हुआ कि मैं इक्विटी को इतनी कम उम्र से ही संपत्ति वर्ग में देखने लगा, जैसा कि हम सब जानते हैं, निवेश जगत् का 'ब्रह्मास्त्र' जल्दी शुरुआत करने में है।

"जो होना है, वह शायद ही कभी होता है, और जिसकी उम्मीद नहीं होती, वह अकसर हो जाता है।"
—जेसी लिवरमोर

आप किन बाजारों में ट्रेड करते हैं और आपकी ट्रेडिंग शैली क्या है?

मैं मुख्यत: स्मॉल और मिड-कैप क्षेत्रों पर केंद्रित रहता हूँ, जहाँ मैं अच्छे व्यापार की तलाश में मूल रूप से अपने बुनियादी कौशल और तकनीकी कौशल—दोनों का उपयोग करता हूँ।

इसके बाद मैं चार्टों को देखकर अपनी इन खोजों की जाँच करता हूँ, जिससे एक ऐसा प्रवेश बिंदु खोज सकूँ, जहाँ 'जोखिम-पुरस्कार + संभाव्यता' मेरे अनुकूल हो। यहाँ मैं एक और महत्त्वपूर्ण बात बताना चाहूँगा कि 'जोखिम-पुरस्कार' तब से बाजार में सबसे अधिक दुरुपयोग होनेवाला शब्द बन गया है, जब से लोगों ने इसे ट्रेड की सफलता की संभावना पर ध्यान दिए बिना उपयोग करना आरंभ कर दिया है।

एक और तरीका, जिसमें मैं चार्टों का उपयोग करता हूँ, वह शेयरों व सेक्टरों को खोजना है, जहाँ अत्यधिक गतिविधि जारी हो या जहाँ बाजार-निर्माताओं की उच्चतम भागीदारी ही। इसके लिए मैं दीर्घावधिक चार्टों पर वॉल्यूम स्कैनर का उपयोग करता हूँ और यह जाँच करता हूँ कि वे कौन से स्टॉक या सेक्टर हैं, जो अत्यधिक मात्रा के साथ ही दीर्घावधिक ब्रेकआउट दरशा रहे हैं? चार्ट देखने के बाद एक बार जब मुझे ऐसे स्टॉक या सेक्टर मिल जाते हैं, तब मैं उनका बुनियादी रूप से अध्ययन करना आरंभ करता हूँ कि उस कंपनी या सेक्टर में किस तरह के बदलाव हो रहे हैं। और जब मुझे इसकी लाभकारिता अपने अनुकूल महसूस होती है तो मैं उन शेयरों पर दाँव लगाता हूँ। इस रणनीति में सबसे बड़ा फायदा यह होता है कि मैं स्टॉक्स को अधिकांश बाजार भागीदारों की नजरों में आने के पूर्व ही रडार पर ले लेता हूँ।

बतौर ट्रेडर, विकसित होने में आप पर सबसे अधिक प्रभाव किसका पड़ा?

अपनी स्नातकोत्तर डिग्री पूरी करने के बाद मैंने इक्विटी को अपना पूर्णकालिक पेशा बनाने का फैसला किया। मैं बस, यही चाहता था कि जितना संभव हो, उतने अधिक सफल ट्रेडर्स और निवेशकों से मिल सकूँ। इसके लिए मैंने कार्यक्रमों और सम्मेलनों में शामिल होने के लिए देश भर की यात्रा की तथा उन सभी ट्रेडर्स और निवेशकों से मुलाकात की, जो पहले से वे सब हासिल कर चुके थे, जिसे मैं पाना चाहता था। यह प्रयोग मेरे बतौर ट्रेडर विकसित होने में सबसे बड़ा प्रभाव रहा, चूँकि

"अपने नुकसान को बर्दाश्त करना सर्वाधिक महत्त्वपूर्ण एकल निवेश है, जो आपके बीमा कराने की योजना को निश्चित करते हुए उत्कृष्ट बनाता है। —गेराल्ड एम. लोएन

इन सुपर सफल ट्रेडर्स और निवेशकों से मिलने पर मैं देख सका कि इन सभी लोगों की रणनीति कितनी अधिक अलग है! इसके बीच एक साझा सूत्र केवल यही ज्ञात हुआ कि उनके लिए सबसे बेहतर क्या है और जिसके अनुसार उन्होंने अपने दर्शन का निर्माण किया, बजाय इसके कि किसी दूसरे के दृष्टिकोण का अंधानुकरण किया जाए। यह मेरे सबसे महत्त्वपूर्ण सबक पर सहज ही खरा उतरता था, जिसके बाद से मैं पूर्ण रूप से इस पर केंद्रित होने लगा, जो मेरे लिए काम करता हो और मेरी ट्रेडिंग की प्रक्रिया एवं दर्शन को धारदार बनाए।

अपने किसी सबसे सफल सौदे के बारे में बताएँ

मेरे कॅरियर का सबसे बड़ा सफल सौदा अवंती फीड्स था, जो बीते चार सालों में मेरे लिए 70+ बैगर साबित हुआ है। हम ऐसे विराट् मल्टीबैगर को अपने मन में भाव लक्ष्य रखकर नहीं बाँध सकते। मुझे पूरा विश्वास है कि इक्विटी एक जीवन-परिवर्तक संपत्ति वर्ग है और ये ऐसे स्टॉक हैं, जो उस समय आपका जीवन बदल सकते हैं, अगर आप में इन्हें अपने पास बनाए रखने की धारणा हो।

मैं अनेक बार सपोर्ट या ब्रेकडाउन आने पर अवंती फीड्स जैसी उच्च धारणा वाले बुनियादी शेयर जोड़ता रहता हूँ, जिससे विनियोजन परिवर्तन से मेरा लाभ बढ़ता रहे। हालाँकि विनियोजन परिवर्तन से मेरा मतलब यह कतई नहीं है कि मैं नियमित रूप से लगातार शेयर खरीदता या बेचता रहता हूँ। बीते चार सालों से अवंती मेरे पोर्टफोलियो का लगभग 15 प्रतिशत से अधिक हिस्सा है; लेकिन बहुधा जब शेयरों में ठोस ब्रेकडाउन या कंसॉलिडेशन (समेकन) आता है, मैं इन्हें जोड़ लेता हूँ। इससे मेरे पोर्टफोलियो में अवंती का ट्रेड विनियोजन बढ़ता गया, जिससे मुझे अपने लाभ को अधिकतम करने में मदद मिली। अवंती के इस विनियोजन के ट्रेडिंग संभाग को मैंने एक बार क्रीम या क्षणिक लहर के दौरान तब बेचा था, जब एक खास ब्रेकआउट समाप्त हुआ था।

अपने किसी विफल सौदे के बारे में बताएँ

यहाँ सौदे की जगह मैं उन दो महीनों के बारे में बताता हूँ, जिनमें बाजार में काफी उछाल आया, लेकिन इसके बावजूद मुझे कुछ नुकसान हुए। अपने कॅरियर की शुरुआत में मैंने जब तकनीकी विश्लेषणों को सीखना और कार्यान्वित करना

"पेड़ लगाने का सबसे अच्छा समय 20 साल पहले था, और दूसरा सबसे अच्छा समय अभी है।"
—एक चीनी कहावत

सीखा ही था, तब मैं प्रत्येक स्टॉक को देखता और उसमें ब्रेकडाउन या विशिष्ट पैटर्न दिखाता, जो अत्यधिक मंथन का कारण बनता। जब मुझे एहसास हुआ कि दिन–प्रतिदिन शेयरों में बहुत अधिक मंथन और परिवर्तन मेरे वश की बात नहीं है, तो मैं इसकी जगह भाव और वॉल्यूम के उपयोग से ऐसे ठोस दीर्घावधिक रुझानों को पकड़ने पर केंद्रित हुआ, जिसे हम लंबे समय तक होल्ड पर रख सकें। यह बतौर ट्रेडर अपने आपको खोजने में मेरा सीखा सबसे महत्त्वपूर्ण सबक था।

एक और सख्त नियम, जिसे मैंने अपने तकनीक–आधारिक दृष्टिकोण में पालन किया कि निचले स्तर पर और अधिक जोड़कर एवरेज डाउन न करें। बल्कि मैं तो उच्च दर पर भी अधिक जोड़ने में विश्वास करता हूँ, अगर आपको कहानी समझ आ गई हो तो, क्योंकि तब आप जिस खास सौदे पर नजर बनाए हुए थे, उसकी परिवर्तनशीलता को लेकर और भी स्पष्ट हो जाते हैं।

आप अभी शुरुआत करनेवाले ट्रेडर्स को क्या सलाह देंगे?

नए ट्रेडर्स को प्रक्रिया को सीखने पर ध्यान देना चाहिए, बजाय इसके कि अगले ही दिन अपने पैसे को दोगुना करने की मनोवृत्ति रखें। लीवरेज एक औजार है, जिससे आपको नुकसान भी हो सकता है। तो केवल इसलिए लीवरेज न करें, क्योंकि आपने दूसरे लोगों से कुछ खुशनुमा कहानियाँ सुनी हैं। मैं जिन भी बेहतरीन ट्रेडर्स से मिला हूँ, उन्होंने अपना भाग्य बिना लीवरेज का उपयोग किए बनाया है। आपका सबसे बड़ा लीवरेज कॅरियर के शुरुआती दौर में होता है कि आप जितना अधिक हो सके, उतना सीखने में कितना समय, मेहनत और समर्पण करते हैं। साथ ही, पढ़ने का कोई भी विकल्प मौजूद नहीं है।

एक और महत्त्वपूर्ण चीज, जिसे युवाओं को समझना चाहिए कि ऐसे हजारों विभिन्न तरीके हैं, जिनसे लोगों ने स्टॉक मार्केट में बड़ी धनराशि अर्जित की है। बजाय किसी के अंधानुकरण के, उन्हें इस पर केंद्रित होना चाहिए कि उनके लिए सबसे बेहतर क्या है और अपनी शक्तियों पर काम करना चाहिए।

आपने ट्रेडर्स को वह कौन सी बड़ी गलती करते देखा है, जिसे आसानी से सुधारा जा सकता है?

मेरे विचार से ट्रेडर्स, जो सबसे बड़ी गलती करते हैं कि वे अपना अधिकांश

"साख बनाने में 20 साल लग जाते हैं और नष्ट करने में 5 मिनट। यदि आप इसे ध्यान रखेंगे तो चीजों को अलग तरह से करेंगे।" —वॉरेन बफेट

समय उन चीजों पर बात करने में गुजार देते हैं, जिन पर उनका कोई नियंत्रण नहीं होता, जैसे मैक्रो, नीतियाँ या घटनाएँ, जिनका उनके शेयर या रणनीति से किसी तरह का संबंध नहीं होता। निश्चित ही ऐसी घटनाओं के प्रति जागरूक रहना बुरा नहीं है; लेकिन यदि इन पर ध्यान अधिक केंद्रित हो और अपने कौशल विकास, अपनी विधि के निर्माण और विधि पर विश्वास पर कम हो, तो इसमें कुछ गलत अवश्य है। जब एक बार हम अपना पूरा ध्यान उन चीजों पर लगाएँ, जो हमारे नियंत्रण में हैं और उन चीजों पर केंद्रित हों, जो बाहरी हैं और हमारे नियंत्रण में नहीं हैं। यदि आप मानते हैं कि बाजार अग्र-दर्शी हैं तो अपने चार्ट या पद्धतियों पर भरोसा क्यों न करें? इससे आपको वह मदद मिलेगी, बजाय इसके कि आप किसी बाहरी घटना को लेकर हमेशा भयभीत रहें।

एक और महत्त्वपूर्ण बिंदु यह है कि ट्रेडर को यह एहसास होना चाहिए कि पैसे कमाने का एक सबसे महत्त्वपूर्ण पहलू जोखिम-प्रबंधन होता है, बजाय सही होने के। लोगों में स्वयं को सही साबित करने का मोह इतना होता है कि कई बार वे यह भी भूल जाते हैं कि हम यहाँ पैसा कमाने आए हैं, न कि किसी को कुछ साबित करने के लिए। इतिहास बताता है कि सबसे बेहतरीन ट्रेडर्स ने अपना भाग्य मात्र 60 प्रतिशत की सटीकता दर के साथ ठोस जोखिम-प्रबंधन प्रणालियों द्वारा बनाया है।

ट्रेडर्स को क्या पढ़ने की सलाह देंगे?

वन अप ऑन वॉल स्ट्रीट—ले. पीटर लिंच

यह स्टॉक मार्केट पर पढ़ी मेरी पहली पुस्तक है, और विश्वास कीजिए, यह ऐसा हीरा है, जिससे किसी को नहीं चूकना चाहिए। इसने मेरी विचार-प्रक्रिया को पूरी तरह से बदल दिया।

हाउ टू मेक मनी इन स्टॉक्स—ले. विलियम ओ'नील

रिमिसेंस ऑफ अ स्टॉक ऑपरेटर—ले. एड्विन लेफे व्रे

□

"लापरवाही बरतना वह सबसे बड़ी गलती है, जो अधिकांश निवेशक किया करते हैं।"
—विलियम ओ'नील

जयचंद्रन

परिचय

जयचंद्रन भारत के टॉप प्रोफाइल मार्केट ट्रेडर्स में से एक हैं। वे ट्विटर पर 'jay-niftywizard' नाम से अति सक्रिय हैं और बाजार के संबंध में अपने विचारों को रोजाना साझा करते हैं। मार्केट प्रोफाइल और ऑर्डर फ्लो ट्रेडिंग उनकी विशेषज्ञता है, जो उन्हें इंट्रा-डे ट्रेडिंग और लघु-आवधिक ट्रेडिंग में अग्रणी बनाती है।

आपने ट्रेडिंग की शुरुआत कैसे की?

वर्ष 2001-02 के दौरान जब मैं बी.टेक. (स्नातक कोर्स) कर रहा था, तब मेरा एक दोस्त शेयरों का क्रय-विक्रय किया करता था। जब मैंने उससे इस बारे में पूछा तो उसने मुझे ट्रेडिंग की शुरुआत के पूर्व कुछ वित्तीय अखबार पढ़ने और चार्टों का अध्ययन करने की सलाह दी। मैंने ट्रेडिंग से जुड़ी जानकारियों को पढ़ने में कुछ समय लगाया; लेकिन उस समय मैं स्नातक कर रहा था। स्नातक के पश्चात् (वर्ष 2005-06) मुझे भारत की एक शीर्ष आई.टी. कंपनी में नौकरी मिल गई।

चेन्नई में नौकरी शुरू करने के बाद मैंने देखा कि मेरे कुछ सहकर्मी ट्रेडिंग किया करते हैं, जिससे मुझे भी पिछली बातें याद आने लगीं। उनके साथ ही मैंने भी ट्रेडिंग आरंभ कर दी। और कुछ समय बाद मैं एफ.एंड ओ. में पोजीशन लेने लगा। एक दिन मैंने एक दोस्त की सलाह पर 30,000 रुपए का कॉल ऑप्शंस (सी.ई.) खरीद लिया। उसी दिन कॉल ऑप्शंस के प्रीमियम में भारी गिरावट आई और मेरा कुल निवेश घटकर 500 रुपए रह गया। जब मैंने इस कॉल की सलाह देनेवाले अपने दोस्त को फोन किया तो उसने कहा कि बाजार में कभी भी कुछ भी हो सकता है और मुझे इसके लिए तैयार रहना चाहिए।

"निवेश करना, कभी-कभार क्या पर्याप्त सुविधापूर्ण व लाभदायक है।"
—रॉबर्ट एरनॉट

मैं निराश हो गया और जब मैंने यह कहानी अपने भाई को सुनाई, जिसे ट्रेडिंग का ज्ञान था, तो उसने मुझे शेष राशि (500 रुपए) से अगले दिन किसी स्क्रिप्ट में पुट ऑप्शंस (पी.ई.) खरीदने की सलाह दी। मैंने खरीद लिया और उसी दिन उस स्क्रिप्ट के भाव में अत्यधिक गिरावट आई, जिससे मेरी प्रीमियम वैल्यू बढ़ गई और मुझे 30,000 रुपए से अधिक का मुनाफा हुआ।

मैं घर लौटकर इस अनुभव के बारे में सोचने लगा। मेरे मन में दो विचार चल रहे थे—

- ज्ञान की कमी आपकी पूँजी को 30,000 रुपए से 500 रुपए पर ला सकती है।
- ज्ञान होने से आप अपनी पूँजी को 500 रुपए से 30,000 रुपए कर सकते हैं।

उस क्षण मैंने अपनी जिंदगी का सबसे महत्त्वपूर्ण और बड़ा फैसला लिया। मैंने अपनी नौकरी छोड़ने और उसकी जगह ट्रेडिंग का ज्ञान लेने का फैसला किया। सौभाग्य से, मेरे माता-पिता बहुत अच्छे हैं। उन्होंने मेरे फैसले को स्वीकार किया और मेरे इस नए उद्यम में मेरी सहायता की। तो अगले दिन मैंने ऑफिस में त्याग-पत्र दिया और अपने ट्रेडिंग कॅरियर की शुरुआत की।

आप किन बाजारों में ट्रेड करते हैं और आपकी ट्रेडिंग शैली क्या है?

मेरी ट्रेडिंग शैली समय के साथ विकसित हुई है। पहले छह साल मैंने सिर्फ निफ्टी के एफ.एंडओ. में ही ट्रेड किया। इससे मुझे 'निफ्टी विजार्ड' की पहचान मिली। उन दिनों मैं पूरी तरह से डे ट्रेडर था। आज मैं मुख्यत: निफ्टी में स्विंग ट्रेड्स और कुछ चुनिंदा स्क्रिप्ट्स (एफ.एंडओ.) में ट्रेड करता हूँ।

मैं 'मार्केट प्रोफाइल' के उपयोग द्वारा अपने ट्रेडिंग के फैसले लेता हूँ। यह एक उन्नत इंट्रा-डे ट्रेडिंग तकनीक है, जिसे पीटर स्टिड्लमेयर ने विकसित किया है।

बतौर ट्रेडर विकसित होने में आप पर सबसे अधिक प्रभाव किसका पड़ा?

जैसा कि मैंने पहले बताया, अपनी नौकरी छोड़ने के बाद भी मैं चेन्नई में ही रहता रहा और मार्केट प्रोफाइल सीखना आरंभ कर दिया। सीखने के लिए यह एक बेहद दिलचस्प अवधारणा है। जब मैंने 'ओपन टाइप्स' (एक अवधारणा, जो दिन

"यदि आपको नहीं पता कि आप क्या कर रहे हैं तो कुछ न करना आप जानते हैं कि 'क्या' करने से बेहतर है।"
—ट्रेडर जैक

की संभावित रेंज बताती है। इसके लिए यह प्रथम 15 मिनट के ओपन ऑक्शन के भाव की पिछले दिन की रेंज से तुलना करती है) के बारे में पढ़ा तो मैं मंत्रमुग्ध हो गया। जब मैंने इस अवधारणा को पुराने डाटा पर परखा तो साबित हो गया कि यह एक अच्छा विचार है और इससे मैं अन्य ट्रेडर्स से आगे निकल सकूँगा। अत: मैंने इस अवधारणा के आधार पर ट्रेड करना आरंभ कर दिया, जिससे मुझे अच्छे परिणाम हासिल हुए। यह मेरे ट्रेडिंग कॅरियर का सबसे बड़ा मोड़ था।

अपने किसी सबसे सफल सौदे के बारे में बताएँ

सन् 2015 में मेरे एक ट्रेडिंग अकाउंट में 6 लाख रुपए थे और दो महीने ट्रेडिंग के बाद उस अकाउंट में कुल राशि 48 लाख रुपए तक पहुँच गई।

6 मई, 2015 को बाजार खुलने से पहले मैं बाजार में मंदड़िया था। मैंने एक दिन पूर्व निफ्टी में कुछ शॉर्ट पोजीशन खरीदी थीं। जब बाजार खुला तो मैं सभी तीनों संभावित पद्धतियों (फ्यूचर विक्रय, पुट ऑप्शंस खरीदना और कॉल ऑप्शंस बेचना) से कुछ और शॉर्ट पोजीशंस खरीद लीं। उस दिन निफ्टी 200 अंक गिरा और मैंने एक ही दिन में लगभग 8 लाख रुपए कमा लिये।

अपने किसी विफल सौदे के बारे में बताएँ

ट्रेडर्स के साथ ऐसे विवरण साझा करना एक अच्छा विचार है, क्योंकि इससे उन्हें बाजार के जोखिमों के प्रति चेतावनी मिल जाएगी। एक ट्रेड की जगह मैं आपको वह बताता हूँ, जहाँ मैं लगातार कई बार विफल रहा।

ओपन टाइप्स मार्केट प्रोफाइल को जानने के बाद कुछ सालों तक मेरा काम अच्छा चला। मेरी पोजीशन का आकार धीरे-धीरे बढ़ रहा था। मुझे लगता कि यह मेरा छोटे ट्रेडर के बड़े ट्रेडर की ओर परिवर्तन काल था। मैंने सोचा कि किसी भी पूँजी के लिए ट्रेडिंग अवधारणा एक जैसी ही होगी।

अपने पूँजी आकार के कारण मेरी भावनाओं में समस्याएँ आरंभ होने लगीं। मैं अपनी गलतियाँ पहचानने की दशा में नहीं था, क्योंकि ट्रेडिंग मेरी रोज की आदतों में शुमार हो चुकी थी। मैं रोजाना वही गलती दोहराया करता और सोचता कि यह बस, एक छोटी सी विफलता है। इसका परिणाम यह हुआ कि सन् 2011 में मैं कुछ ही महीनों में 70 लाख रुपए गँवा बैठा। अत: मैंने कुछ दिनों के लिए ट्रेडिंग बंद कर

"एक शांत मन भय से ज्यादा अंतर्बोध को सुन सकता है।"
—युआन बयाजी

दी। जब मैंने उन ट्रेड्स की समीक्षा की तो मुझे समझ नहीं आया कि मैंने आखिर उन्हें लिया ही क्यों था।

आप अभी शुरुआत करनेवाले ट्रेडर्स को क्या सलाह देंगे?

याद रखिए, कोई भी हो, वह एक से दो वर्ष तक के समर्पित प्रयास के बाद ही सफल ट्रेडर बन सकता है। भले ही आप अत्यधिक होशियार क्यों न हों, थोड़े समय में लाभकारी ट्रेडर बनना संभव नहीं है। अत: मेरी सलाह है कि नए खिलाड़ियों को पहले एक से दो साल सीखने पर केंद्रित रहना चाहिए और बाजार से रिटर्न पाने की उम्मीद नहीं रखनी चाहिए। एक बार जब आपका आत्मविश्वास बन जाए, तब थोड़ी पूँजी से प्रयास करें और समुचित जोखिम प्रबंधन करें।

कभी भी अपनी सारी पूँजी बाजार में न लगाएँ। अपनी बचत को लेकर हमेशा विविधतापूर्ण योजना बनाएँ और इसमें से थोड़ी ही राशि को स्टॉक मार्केट में निवेश करें। अपना दिमाग खुला रखें और हर बार अपनी गलतियों को सुधारें, जिससे ट्रेडिंग की कुछ जानकारी हो जाने के बाद आप कम-से-कम गलतियाँ करें।

आपने ट्रेडर्स को वह कौन सी बड़ी गलती करते देखा है, जिसे आसानी से सुधारा जा सकता है?

कठोर स्टॉप लॉस न लगाना। लोग मुनाफा काटने को उत्सुक रहते हैं, लेकिन नुकसान काटने में ढीले रहते हैं। ट्रेडर को अपने नुकसान को फौरन काटना चाहिए और अपने मुनाफे को जारी रहने दें। बहुत से ट्रेडर एस.एल. को दिमाग में रखते हैं और वास्तव में नहीं लगाते। जब भाव उनके एस.एल. तक पहुँच जाते हैं, वे अपना एस.एल. स्तर बदल देते हैं, यह सोचकर कि भाव सपोर्ट या रेसिस्टेंस लेंगे। और आखिरकार वे अपना पैसा गँवा देते हैं। सौदा करने के बाद आपको सबसे पहले यह काम करना चाहिए कि सिस्टम में एस.एल. ऑर्डर लगा दें।

ट्रेडर्स के पढ़ने के लिए कोई तीन पुस्तकें बताएँ?

पिट बुल—ले. मार्टिन श्वा
ट्रेडिंग साइकोलॉजी 2.0 ले. ब्रेट—एन. स्टीनबार्गर
थिंकिंग फास्ट एंड स्लो—ले. डेनियल कॉनमैन ☐

"अधिकांश ट्रेडर्स एक अच्छी प्रणाली अपनाते हैं और इसे नष्ट कर देते हैं पूर्ण प्रणाली बनाने के प्रयास में।"

प्रेम दोषी

परिचय

प्रेम दोषी एक ट्रेडर, वैल्यू इन्वेस्टर और स्टॉक ब्रोकर हैं। उन्होंने ट्रेडिंग की शुरुआत सन् 2005 में सीखना आरंभ करने के साथ की। वह वैल्यू इन्वेस्टमेंट में एक लोकप्रिय ब्लॉग लिखते हैं और अपने पाठकों को निःशुल्क मल्टीबैगर विचार प्रदान करते हैं।

आज वह अपने ब्रोकिंग एवं शोध उद्यम ए.सी.ई. इक्विटीज के प्रमुख हैं, ब्लॉग लिखते हैं, अपने तथा अपने क्लाइंट्स के लिए ट्रेड व निवेश करते हैं।

ये ट्विटर पर 'Stocks Research' और 'TheAceInvestor' हैंडल से सक्रिय हैं।

आपने ट्रेडिंग की शुरुआत कैसे की?

सन् 2005 में, जब मैं बारह साल का था, तब अकसर बिजनेस अखबार पढ़ा करता था। मैं उन्हें पूरी तरह समझ तो नहीं पाता था, लेकिन यह तो बस, पढ़ने का उपक्रम भर था। उसके बाद मैंने अपने रिश्तेदारों और दूसरे लोगों को यह बात करते सुना कि शेयर बाजार में पैसे कमाना कितना आसान है, जिससे मेरी इसमें दिलचस्पी उत्पन्न हुई।

मेरे अंकल का सन् 2006 में एक सक्रिय ऑनलाइन ट्रेडिंग खाता था। बिजनेस अखबारों में मैंने देखा था कि रिलायंस नाम के सभी शेयर अच्छा प्रदर्शन करते थे और इनमें सबसे सस्ता शेयर आर.एन.आर.एल. (रिलायंस नेचुरल रिसॉर्सेस लि.) का था, तो मुझे लगा कि यह एक वैल्यू स्टॉक है। भाव की अधिक गहन जानकारी न होने पर भी मैंने अपने अंकल को बताया कि मैं इसमें निवेश करना चाहता हूँ। मुझे याद है कि मैंने स्वयं 25.70 के भाव से आर.एन.आर.एल. के 70 शेयर उनके अकाउंट से खरीदे। यह मेरा पहला सौदा था, जिसे मैंने ब्रोकर की सलाह पर थोड़े

"अपने आसपास नजर डालिए, अगर कोई और बुद्धू न लगे तो वह बुद्धू आप हैं।"

मुनाफे के साथ समाप्त कर दिया। इसके बाद मैंने एक के बाद एक कई ब्रोकर बदले, उनकी सलाह पर चला और नुकसान उठाता रहा।

वर्ष 2007 तक, एक साल के बुरे अनुभव के बाद, मैं शेयरों के भाव की चाल को अधिक बेहतर ढंग से समझने लगा तथा इसके साथ ही मैं थोड़ा–बहुत तकनीकी विश्लेषण और मौलिक विश्लेषण जैसी चीजों के बारे में भी सीख गया।

आप किन बाजारों में ट्रेड करते हैं और आपकी ट्रेडिंग शैली क्या है?

मैं मुख्य रूप से केवल इक्विटी में ही ट्रेड और निवेश करता हूँ। हालाँकि कभी–कभार कोई खास अवसर मिल जाने पर मैं एफ.एंडओ. में भी कारोबार कर लेता हूँ।

जहाँ तक रणनीति की बात है, मेरा मानना है कि बाजार में सफल होने के लिए हमारा लचीला और अनुकूलनीय होना आवश्यक है। मेरे विचार से, हम बुनियादी मौलिक विश्लेषण, पोर्टफोलियो के लिए एक मूल मल्टीबैगर शेयर को चुनने पर चर्चा करके तथा शॉर्ट टर्म और इंट्रा–डे ट्रेड, ब्रेकआउट, वॉल्यूम और मोमेंटम की खोज का एक साथ उपयोग कर सकते हैं।

व्यक्ति को अपने पोर्टफोलियो को ऐसा बनाना चाहिए, जो उचित मूल्यांकन वाला और री–रेटिंग के लिए परिपक्व हो या संभवत: अपने विनियोजन में अपने कोर मल्टीबैगर होल्डिंग को बढ़ा सकते हैं। इस तरह से, आप अपनी पूँजी में इजाफा करने के साथ ही बाजार में अपने खेलने के स्तर में बढ़ोतरी कर सकते हैं।

बतौर ट्रेडर, विकसित होने में आप पर सबसे अधिक प्रभाव किसका पड़ा?

जब मैंने शुरुआत की तो मुझे प्रभावित करनेवाला सबसे बड़ा कारण यह सुनना था कि इसमें पैसे बनाने के अवसर बहुत आसानी से मिल जाते हैं। इस क्षेत्र के बारे में अधिक जानकारी होने के बाद मुझे इस कारोबार की अत्यधिक संभावनाओं का एहसास हुआ। साथ ही, यह बहुत रोमांचक भी है। आप एक ठेठ, उबाऊ 9 से 5 की नौकरी करते हुए संभवत: इतना पैसा नहीं कमा सकते। अत: यदि प्राथमिकता मुनाफा है तो कुछ ऐसा क्यों न किया जाए, जिससे आपको ज्यादा फायदा हो?

अपने किसी सबसे सफल सौदे के बारे में बताएँ

मुझे नहीं पता कि हम शॉर्ट–टर्म निवेशकों को ट्रेडर कह भी सकते हैं या नहीं?

मुझे चक्रीय सेक्टरों में खेलना अच्छा लगता है। वर्ष 2016 के दौरान बाजार

"जब आप अपने आपको गहरे गड्ढे में पाएँ तो पहला काम यह करें कि खोदना बंद कर दें।"

में चीनी का चक्र चला।

जहाँ सब लोग बलरामपुर चीनी जैसे विख्यात नामों में भागीदारी कर रहे थे, मैंने के.एम. शुगर के पैनी स्टॉक खरीदने का विकल्प चुना।

अपने किसी विफल सौदे के बारे में बताएँ

विफल सौदे तो बहुत से हैं। मेरे पास उनके चार्ट नहीं हैं; लेकिन स्टॉप लॉस लगाकर अपने नुकसान को हमेशा सीमा में रखें—और यदि आप मुनाफे के लिए किसी सौदे में उतरते हैं तो जोखिम-पुरस्कार की भी गणना अवश्य करें। किसी शेयर को 100 रुपए में खरीदने का कोई औचित्य नहीं है, यदि उसकी संभावित बढ़ोतरी उसे केवल 105 तक ले जाने वाली हो और गिरावट जोखिम 95 से नीचे हो।

आप अभी शुरुआत करनेवाले ट्रेडर्स को क्या सलाह देंगे?

पहले सीखें और फिर कमाने की योजना बनाएँ।

तकनीकी विश्लेषण के बारे में सीखें और अपने बुनियादी ज्ञान को पैना करें।

हमेशा दोहरा दृष्टिकोण रखें; तकनीकी और बुनियादी दोनों तसवीरों पर नजर डालें।

आपने ट्रेडर्स को वह कौन सी बड़ी गलती करते देखा है, जिसे आसानी से सुधारा जा सकता है?

नुकसान में जा रहे सौदे का औसत न करते रहें। अनुशासन में रहें और इस बात से इनकार करना बंद कर दें कि आपने गलत सौदा किया है। इसे तब तक औसत न करते रहें, जब तक यह आपका सबकुछ समाप्त न कर दे।

ट्रेडर्स के पढ़ने के लिए कुछ पुस्तकें बताएँ

वास्तव में मैंने ट्रेडिंग पर लिखी लोकप्रिय पुस्तकों को पढ़ने में अधिक समय नहीं लगाया। मैं 'रेमिनिसेंसेज ऑफ अ स्टॉक ऑपरेटर', 'द सीक्रेट' और 'द वुल्फ ऑफ वॉल स्ट्रीट' पढ़ने की सलाह दूँगा।

□

"जीवन के अवसरों को अवसरों के जीवन के दौरान ही पकड़ लेना चाहिए।"

—लियोनार्ड रैवेनहिल

नव भैया

आपने ट्रेडिंग की शुरुआत कैसे की?

वर्ष 2006-07 में मेरे पिता के मामा श्री मोहन लालजी डागा (मेरे परामर्शदाता) ने इक्विटी मार्केट में निवेश कर अपना भाग्य बनाया। वे वैल्यू इन्वेस्टर हैं और उनकी होल्डिंग अवधि तीन से दस वर्षों या इससे अधिक की होती है। यह बात मेरे मन में बैठ गई और उनकी समृद्धि ने मुझे भी प्रोत्साहित किया। हालाँकि जेब में मात्र 1,000 रुपए थे और परिवार की वित्तीय समस्याओं के कारण मेरे पास निवेश करने के लिए कुछ नहीं था। अतः मुझे ट्रेडिंग धन कमाने का सबसे आसान तरीका लगा।

तीन साल बाद, वर्ष 2010 के अंत में, कुछ अच्छी चीजें घटित हुईं : मेरा जेब-खर्च दोगुना हो गया और मैंने पी.सी.सी. (सी.ए. इंटरमीडिएट) और सी.एफ.ए. एल-1 (यू.एस.ए.) पास कर लिया।

लेकिन ट्रेडिंग ने मेरे जीवन को आमूलचूल बदल दिया। मैं इस बात को लेकर हैरान था कि अपने तीन 20 लाख रुपए (जिन्हें मैंने अपने ट्रेडिंग के शुरुआती तीन सालों में कड़ी मेहनत से कमाया था!) के नुकसान की भरपाई अपने 2,000 रुपए प्रति माह के जेब-खर्च से कैसे पूरा करूँगा? और कोढ़ में खाज यह कि मेरे परिवार में कोई नहीं जानता था कि मैं ट्रेडिंग करता हूँ। इसलिए कर्ज चुकाने के लिए किसी से पैसे माँगने की बात तो भूल ही जाओ।

तब मैंने ट्रेडिंग बंद कर दी थी। इसकी बजाय मैंने अपनी पढ़ाई पूरी की और सौभाग्यवश, मुझे नौकरी मिल गई। मेरे पिताजी ने मेरे और मेरे भाई के दिमाग में एक बात भर दी थी कि काम गलत या सही नहीं होता, काम करने का तरीका गलत या सही होता है। इस अत्यधिक अनमोल सीख से मैं वर्ष 2012 के अंत में पुनः ट्रेडिंग में आ सका। इस बार मुझे जोखिम व पुरस्कार की जानकारी कुछ अधिक थी। अतः वास्तव में मेरी शुरुआत सन् 2012 से हुई।

"अनुभवी ट्रेडर जोखिम नियंत्रण करते हैं, अनुभवहीन ट्रेडर फायदे के पीछे भागते हैं।"

—एलन फार्ले

आप किन बाजारों में ट्रेड करते हैं?

इक्विटी बाजार

बतौर ट्रेडर, विकसित होने में आप पर सबसे अधिक प्रभाव किसका पड़ा?

मुझे लगता है कि ट्रेडिंग मुख्यत: (या बल्कि पूर्णत:) स्वभाव की बात है। किसी एक ट्रेड के दोनों पक्षों की जाँच करने से विषम परिणाम मिलते हैं, जिनका संभवत: पाठकों के लिए अधिक मोल नहीं होता। जैसा कि मैंने पहले बताया, ट्रेडिंग स्वभाव की बात है। अत: विकास और उचित स्वभाव तथा बुनियादी अनुशासन बनाए रखना आवश्यक है। मैं अपनी ट्रेडिंग शैली बताने का प्रयास करता हूँ।

- **ट्रेड की शुरुआत :** ट्रेड की शुरुआत से पहले मैं मन बना लेता हूँ कि मैं तब तक ट्रेड नहीं करूँगा, जब तक यह मुझे आश्वस्त नहीं कर देता। इसलिए शुरुआत करने के लिए ट्रेड के कारण बहुत ठोस होने चाहिए—और तब ट्रेड के जोखिम-पुरस्कार में 1:5 का अनुपात हो सकेगा। इससे आपके कुछ बेहद उच्च-विश्वसनीय ट्रेड हो जाते हैं। ट्रेड की शुरुआत के समय ऐसा अनुदारवादी होने से बाद में आक्रामक ट्रेड प्रबंधन कर सकते हैं।

साथ ही मैं कभी भी व्यापक बाजार रुख के विपरीत ट्रेड नहीं करता।

- **पोजीशन साइजिंग :** यह मेरी नुकसान (राशि सीमा) सहने की क्षमता और किसी खास स्टॉक की भाव गतिविधि (सामान्य बाजार में स्टॉक की अधिकतम भाव गतिविधि) से होनेवाले नुकसान को सहने की क्षमता के तौर पर कार्य करता है। यदि स्टॉक 'क' दिन भर में 10 रुपए बढ़ जाता है और मैं उस खास ट्रेड में 1 लाख रुपए तक का नुकसान सह सकता हूँ, तो मैं उसमें 10,000 शेयर का विशिष्ट प्रतिशत खरीदूँगा। यह प्रतिशत ट्रेड संबंधी रणनीति, रणनीति के प्रति मेरी आस्था, व्यापक बाजार रुझान आदि से व्युत्पन्न होता है। यदि अधिकरण संबंधी ये सभी पहलू मेरे पक्ष में हों तो यह प्रतिशत 80% तक भी जा सकता है। वहीं कुछ मामलों में ये 40 प्रतिशत तक कम भी हुआ है।

"मेरा पहला नियम है कि पैसा नहीं गँवाना है। इसकी तुलना में अवसर गँवाना छोटी बात है, क्योंकि हर बार एक नया अवसर बस, मिलने ही वाला होता है।"

—बर्ट डोमेन

ध्यान दें, यह 10 रुपए ट्रेड में मेरा एस.एल. नहीं है। इससे मुझे मोटे तौर पर यह समझने में मदद मिलती है कि उस खास ट्रेड में मैं कितनी राशि दाँव पर लगा रहा हूँ, और सभी सौदों की संचयी धनराशि से मुझे यह ज्ञात हो जाता है कि मेरी कुल कितनी राशि जोखिम पर है? इस विचार-प्रक्रिया से मुझे बीच-बीच में होनेवाले उतार-चढ़ाव तथा अस्थिरता का बेहतर ढंग से सामना करने में मदद मिलती है।

ट्रेड राइडिंग/बुकिंग : जाहिर है, यदि मेरी रणनीति सही निकलती है तो मैं ट्रेड से निकास कर जाता हूँ, अन्यथा यदि मेरी रणनीति गलत हो जाती है तो मैं ट्रेड से निकास कर जाता हूँ। दोनों ही मामलों में, फैसला शेयर के भाव से नहीं होता।

कई बार रणनीति के कामयाब होने के पूर्व ही लक्ष्य-प्राप्ति हो जाती है। ऐसे मामले में मैं आधे सौदे को भुना लेता हूँ और बाकी को जारी रखता हूँ।

मैं मुख्यत: पोजीशनल ट्रेडर हूँ और अपनी रणनीति के कामयाब होने के लिए सौदों को लंबे समय तक जारी रखता हूँ।

सुनने में बेहद आसान लगता है न, क्यों?

लेकिन इतना है नहीं!

व्यवस्थित जोखिमों (व्यापक बाजार का विपरीत जाना) के बीच-बीच में होनेवाला उतार-चढ़ाव तथा अव्यवस्थित जोखिमों (शेयर विशेष से संबंधित नकारात्मक खबरें) के लिए अत्यधिक प्रबंधन की आवश्यकता है। मुझे प्रत्येक सौदे को रेट करने की आदत है। इसलिए, यदि 5 ओपन ट्रेड होते हैं तो निकास के लिए पहला ट्रेड पाँचवें स्थान वाला होता है। इससे संपूर्ण पोजीशन आकार कम हो जाता है और व्यवस्थित जोखिमों में कामयाब रहता है। वहीं अव्यवस्थित जोखिमों के मामले में मैं शुरुआती रणनीति की नई सूचनाओं के आलोक में समीक्षा करता हूँ। यदि रणनीति वैध है तो मैं इस ट्रेड पर बना रहता हूँ और इसकी मात्रा में इस आधार पर बदलाव करता हूँ कि इस नई सूचना ने मेरी आस्था को कितना परिवर्तित किया है? यदि रणनीति बेकार हो जाती है तो मैं सौदे से निकल जाता हूँ।

मैं अपने ओपन ट्रेड के कुल मूल्य को लेकर अत्यधिक कड़ी सीमा का पालन करता हूँ। यदि मैं अपनी सीमा तक पहुँच गया हूँ और कोई नया सौदा सामने आता है तो मैं इस नए सौदे की तुलना ओपन ट्रेड के सबसे निचले सौदे से करता हूँ। यदि नए सौदे में बेहतर जोखिम-पुरस्कार दिखता है तो इसे सबसे निचले सौदे से परिवर्तित कर देता हूँ और अपने सभी ओपन ट्रेड्स की पुन: रैंकिंग करता हूँ।

"यह समझिए कि आपको ये 'हॉट' टिप्स किससे और क्यों मिल रहे हैं।"

मैं ट्रेड को कैसे पहचानता हूँ?

मैं बहुत से बिजनेस अखबार, वैश्विक उद्योगों के हालात और दृष्टिकोणों को पढ़ता हूँ। इसके साथ ही मैं उद्योग जगत् के बहुत से लोगों से बात करता हूँ, कुछ शीर्ष ट्रेडर्स का अनुसरण करता हूँ और ऐसी बहुत सी चीजें करता हूँ, जिससे मुझे ट्रेड को पहचानने में मदद मिलती है। प्रत्येक गतिविधि मेरे अवचेतन मन में एक बिंदु उत्पन्न करती है। ट्रेड की शुरुआत के लिए रणनीति बनाना मेरे बनाए ऐसे बहुत से बिंदुओं को जोड़ने का परिणाम होता है।

एक बार जब मैं रणनीति तैयार कर लेता हूँ, मैं पूरी ईमानदारी के साथ अपनी उस शैली का अनुपालन करता हूँ, जो मैंने ऊपर बताई है।

आपने ट्रेडर्स को वह कौन सी बड़ी गलती करते देखा है, जिसे आसानी से सुधारा जा सकता है?

हालाँकि मैं सही से ज्यादा गलत होता हूँ। फिर भी, मुझे लगता है कि अपनी रणनीति अवैध हो जाने पर विफल सौदे को उसी समय काट लेने की अक्षमता वह सबसे बड़ी गलती है, जिसे मैंने ट्रेडर्स को करते देखा है। सही स्वभाव के निर्माण द्वारा इसे आसानी से सुधारा जा सकता है। याद रखिए, जब व्यक्ति घाटा काटता है, तब वह एक विफल सौदे में अवरुद्ध होनेवाली पूँजी को मुक्त कर रहा होता है। इस मुक्त हुई पूँजी का फिर किसी नए सौदे में उपयोग किया जा सकता है, जहाँ नुकसान को पूरा करने की संभावना उच्चतम हो।

लेकिन ऐसा केवल घाटा काटने के बाद ही किया जा सकता है। विफल पोजीशन को इस आशा में बनाए रखना कि वह फिर से वापस लौटेगी, न केवल तनावपूर्ण होता है, बल्कि व्यक्ति को नए अवसरों से वंचित भी रखता है। मेरे खयाल से, यह सबसे बड़ी गलती होती है। घाटा काटने में डरने की जरूरत नहीं है। याद रखिए, यह अंतिम सौदा नहीं है।

आप अभी शुरुआत करनेवाले ट्रेडर्स को क्या सलाह देंगे? या ट्रेडर्स के पढ़ने के लिए कुछ पुस्तकें बताएँ।

साफ कहूँ, तो मैं इसका उत्तर देने के योग्य नहीं हूँ। मैं पढ़ी जाने योग्य पुस्तकों

"विश्वास यह नहीं है कि 'इस सौदे में मैं मुनाफा कमाऊँगा।' विश्वास है कि 'यदि इस सौदे में मुझे फायदा नहीं भी हुआ तो कोई बात नहीं।'"

—युआन बयाजी

की सलाह नहीं दे सकता, क्योंकि मैंने ट्रेडिंग पर कभी कोई पुस्तक नहीं पढ़ी है। साथ ही, मुझे नहीं लगता कि जहाँ तक ट्रेडिंग की बात है, इसके लिए पुस्तकें उतनी उपयोगी हो सकती हैं, जितना हम सोचते हैं। पढ़ना एक बात है और हमने जो पढ़ा है, उसका प्रयोग करना दोनों बिलकुल अलग बातें हैं। इसलिए मूल्य सिर्फ उसी का है, जिसे व्यक्ति ने पढ़ा और उसका प्रयोग भी किया है, जो कहना इसे करने से ज्यादा आसान है।

इनकी जगह मैं ऐसी कुछ आदतों का जिक्र करूँगा, जो मुझे ट्रेडर्स के लिए सचमुच मददगार महसूस हुईं।

Ṭ **आत्म-निरीक्षण करते रहें :** अपने सामर्थ्य के अनुसार ट्रेडिंग करने से ही सतत लाभ पाने में मदद मिलती है। आत्म-निरीक्षण से व्यक्ति को अपने सामर्थ्य के साथ ही अपनी कमजोरियों को भी समझने में मदद मिलती है। इसी के मुताबिक सौदा करें।

Ṭ **नुकसान को शालीनतापूर्वक स्वीकारें :** नुकसान होते हैं। व्यक्ति प्रत्येक ट्रेड में मुनाफा नहीं कमा सकता। इसे शालीनतापूर्वक स्वीकारें। पूर्ण स्तर पर मुनाफा कमाने पर केंद्रित हों, न कि प्रत्येक सौदे पर।

Ṭ **कृतज्ञ रहें :** जो भी हो, उसके प्रति कृतज्ञ रहें। जो होता है, अच्छे के लिए होता है। इससे सीखें और कभी न भूलें।

Ṭ **अच्छे बनें, अच्छा करें :** जैसा विजय केडिया ने कहा है, "अच्छे कर्म आपके लिए सौभाग्य लाते हैं।" इसे अनुभव करने के लिए व्यक्ति को ऐसा करना चाहिए। अगर मुझे इसके लिए कोई अंक देना हो तो मैं आज जो कुछ भी हूँ, इसमें 80 प्रतिशत मेरे अच्छे कर्मों की वजह से है। मैं तो यही मानता हूँ।

Ṭ **निरंतर बढ़ते रहें :** इसे विस्तार से समझाने की आवश्यकता नहीं है। वास्तविक सफलता वही है, जब व्यक्ति किसी खास सौदे के लिए निर्धारित वृद्धि को उस वर्ष में प्राप्त रिटर्न प्रतिशत से मापना आरंभ कर दे। केवल वर्ष भर का रिटर्न प्रतिशत मुझे संतुष्ट नहीं कर पाता। मुझे केवल तभी अच्छा महसूस होता है, जब मैं प्रतिवर्ष अपने ट्रेड आकार में वृद्धि होते देखने के साथ ही वर्ष भर में अच्छा सकारात्मक रिटर्न हासिल कर सकूँ।

□

"यदि आप गलती द्वारा धन कमाते हैं तो यह ऐसा कर्ज है, जिसकी चूक दर बहुत अधिक होगी।"

डी. पवन कुमार

परिचय

पवन इंट्रा–डे ट्रेडर, ट्रेनर एंड शोध विश्लेषक और इंट्रा–डे ट्रेडर्स के बीच 'वुल्फ' के नाम से लोकप्रिय हैं। उन्होंने अपनी ट्रेडिंग व निवेश गतिविधियाँ सन् 2015 में आरंभ कीं। काफी सारे तकनीकी विश्लेषकों और सफल ट्रेडर्स से मुलाकात के बाद उन्होंने सबसे सुरक्षित इंट्रा–डे रणनीतियों पर शोध करने का निर्णय लिया।

वह 'trade with wolf' नाम से इंस्टाग्राम पर सक्रिय हैं।

आपने ट्रेडिंग की शुरुआत कैसे की?

मैंने वर्ष 2003 में अपना एम.बी.ए. पूरा किया और एयरटेल, ए.सी.सी. तथा डालमिया सीमेंट जैसी अच्छी कंपनियों के साथ मार्केटिंग एंड रिसर्च में काम करने लगा। मेरा सपना उद्यमी बनना था, लेकिन मेरे लिए अच्छे वेतनवाली नौकरी छोड़ना आसान नहीं था। अंततः मैंने अपने जीवन का सबसे कठोर निर्णय लिया और सन् 2012 में नौकरी छोड़ दी तथा खुद का सीमेंट ट्रेडिंग कारोबार आरंभ किया। मेरा यह निर्णय मुझे फल गया और कुछ ही समय में मैं अपने क्षेत्र में डालमिया सीमेंट के शीर्ष वितरकों में से एक था। मुझे यह देखकर बहुत खुशी होती कि एक कंपनी, जिसमें मैं काम किया करता था, आज मुझे उपहार दे रही है और मेरे व्यापारिक प्रदर्शन के पुरस्कार–स्वरूप मुझे विदेश यात्रा पर भेज रही है।

दिन चाहे अच्छे हों या बुरे, कभी टिकते नहीं हैं। राजनीति और मेरे राज्य के तेलंगाना और आंध्र प्रदेश में विभक्त होने के कारण सीमेंट कारोबार ठप पड़ गया। मेरे घर के भुगतान और इन्फ्रा प्रोजेक्ट रुक गए। अत्यधिक ऋण होने के कारण मैं कारोबार बंद भी नहीं कर सकता था और न ही मैं व्यक्तिगत रूप से विफलता

"मैं उस समय सचमुच बहुत–बहुत चिंतित हो जाता हूँ, जब बहुत अधिक नियमों वाली ट्रेडिंग रणनीति देखता हूँ (आपको भी होना चाहिए)।"
—लैरी कॉनर्स

में यकीन रखता हूँ। मैं हमेशा से जानता हूँ कि चीजें बदलने में समय लेती हैं और सीमेंट कारोबार में अच्छे दिन फिर से वापस आएँगे।

सौभाग्यवश, जब मैं इस बुरे दौर से गुजर रहा था, मेरी मुलाकात एक फ्यूचर्स ट्रेडर से हुई—मेरा रिश्ते का भाई सी.एन.बी.सी. के विश्लेषक श्री मितेश थैकर की तकनीकी विश्लेषण पर कार्यशाला में शामिल होने के लिए अहमदाबाद से विमान द्वारा आया। उसने मुझे बताया कि यदि मैं स्टॉक मार्केट डाटा पढ़ना आरंभ कर दूँ तो टेलीकॉम और सीमेंट कंपनियों का मेरा बाजार अनुसंधान अनुभव उपयोगी साबित हो सकता है। उसने कार्यशाला में शामिल होने के लिए मेरी फीस का भुगतान किया और वह टिकट मुझे निःशुल्क दे दी।

वह मीटिंग मेरे जीवन को आमूलचूल परिवर्तित करनेवाली साबित हुई। मैं ऑनलाइन और ऑफलाइन विभिन्न विश्लेषकों की दस से अधिक कार्यशालाओं में शामिल हुआ, सैकड़ों यू-ट्यूब वीडियो देख डाले। आखिर में मुझे एहसास हुआ कि ट्रेडिंग बस, गणित और गणनाएँ ही हैं। मैंने अपने बाजार अनुसंधान आधारित एक्सेल तकनीक को स्टॉक मार्केट डाटा पर कार्यान्वित करना आरंभ किया, जिसके मुझे अच्छे परिणाम प्राप्त हुए।

ट्रेड के लिए पूँजी की कमी के कारण मैंने इक्विटी डेरिवेटिव्स एंड रिसर्च एनेलिस्ट के सर्टिफिकेट हेतु आवेदन किया और पास हो गया। मैंने इंट्रा-डे ट्रेडर्स को लाइव मार्केट के डाटा का अध्ययन कर सलाह देना आरंभ कर दिया, क्योंकि मुझे पूरी तरह से विश्वास था कि बुरे दिन अधिक दिनों तक नहीं टिके रह सकते। अब मैं अपने सीमेंट कारोबार को फिर से आरंभ कर बहुत खुश हूँ और अपने काफी सारे कर्ज से मुक्ति भी पा चुका हूँ।

आप किन बाजारों में ट्रेड करते हैं और आपकी ट्रेडिंग शैली क्या है?

मैं केवल फ्यूचर सेगमेंट में ट्रेड करता हूँ और कुछ समय से केवल इंट्रा-डे करता हूँ। चूँकि मैं अपना सीमेंट कारोबार तथा अन्य व्यापार फिर से आरंभ करने वाला हूँ, इसलिए मैं अधिकांशतः अपनी पोजीशन को हेज करने के लिए ऑप्शंस रणनीति में ट्रेडिंग पर केंद्रित हूँ।

"व्यापार करने से पहले एक योजना विकसित करें अथवा कम पूँजी और अधिक निराशा के साथ बाद में।"

बतौर ट्रेडर, विकसित होने में आप पर सबसे अधिक प्रभाव किसका पड़ा?

मैं यू-ट्यूब और फेसबुक पर टिमोथी साइक्स जैसे सफल ट्रेडर्स का अनुकरण करता हूँ। उनकी उपलब्धियों का मुझ पर अत्यधिक प्रभाव पड़ा। इसके साथ ही जेसी लिवरमोर की पुस्तकों ने मुझे ट्रेडर बनने के लिए प्रभावित किया।

अपने किसी सबसे सफल सौदे के बारे में बताएँ

मेरा सबसे स्मरणीय सफल ट्रेड मेरी अपनी ऑप्शन गतिविधि के विशिष्ट डाटा पठन पर आधारित था। तब एस.बी.आई. का भाव लगभग 251 रुपए पर चल रहा था और अधिकांश संकेतक इसे बेचने का सुझाव दे रहे थे, क्योंकि यह अपने 52 हफ्तों के न्यूनतम की ओर बढ़ रहा था। तभी अचानक यह उठना शुरू हुआ और 280, फिर 300 और उसके बाद 320 तक जा पहुँचा। आमतौर पर ऐसा तब होता है, जब उस शेयर से संबंधित किसी बड़ी बुनियादी खबर के आने की उम्मीद हो। अत: मैंने वह शेयर खरीद लिया और अपने दोस्तों को भी एस.बी.आई. पर कॉल लेने के लिए कहा; क्योंकि हम इनमें आनेवाले कुछ ही दिनों में 10-20 प्रतिशत की बढ़ोतरी देख रहे थे। अगले हफ्ते यह 30 प्रतिशत से भी ज्यादा हो गया और मेरे डाटा पठन के दो दिन बाद ही सार्वजनिक क्षेत्रों के उपक्रमों के पुनः पूँजीकरण की खबर आ गई।

आप अभी शुरुआत करनेवाले ट्रेडर्स को क्या सलाह देंगे?

दोस्तो, ट्रेडिंग खतरनाक लत वाला कौशल-आधारित खेल है। इसमें प्रवेश करना आपके हाथ है, लेकिन इससे निकलना बेहद मुश्किल है। सिर्फ टिप्स, दूसरे विश्लेषकों या पुस्तकों के प्रयोगों का अनुसरण न करें। आपको अपनी रणनीति खुद तैयार करनी होगी। सबके विचार जानें, लेकिन इन सबको बदलकर अपने जोखिम सामर्थ्य, वित्तीय स्थिति और पूँजी पर आधारित व्यक्तित्व के अनुसार करना चाहिए। अपनी खुद की रणनीति बनाएँ और तब ट्रेड-निष्पादन करें।

"मैं हमेशा अपने खतरों के बारे में वर्णन करता रहता हूँ और
इससे मैं कभी भी परेशान नहीं होता।"
—टोनी सालिबा

आपने ट्रेडर्स को वह कौन सी बड़ी गलती करते देखा है, जिसे आसानी से सुधारा जा सकता है?

रोजाना ट्रेडिंग करना गलत है। सिर्फ ट्रेडिंग दिवसों पर ही ट्रेड करें। तभी ट्रेड करें, जब अधिकांश ट्रेड विचार आपके पक्ष में हों। बाजार रणनीतियों की मदद लें। केवल तभी ट्रेड करें, जब 70 प्रतिशत शेयर एक ही दिशा में जा रहे हों, फिर चाहे वह लॉन्ग हो या शॉर्ट।

ट्रेडर्स के पढ़ने के लिए कुछ पुस्तकें बताएँ

माइंड ओवर मार्केट्स

यह बाजार गतिकी से संबंधित एक बेहतरीन पुस्तक है, जो बताती है कि बाजार किस तरह व्यवहार करता है?

आर्ट ऑफ वॉर

इंट्रा-डे ट्रेडर किसी योद्धा से कम नहीं होता। ट्रेडिंग के इस खेल में चतुर होने के लिए व्यक्ति को युद्ध तकनीकों और रणनीतियों को भी पढ़ना चाहिए।

□

"क्योंकि आज ट्रेडिंग काफी कठिन प्रतीत होती है, इसलिए यह किसी और के लिए नहीं है। इससे जुड़े रहें, कल शायद यह अपनी भूमिका उलट ले।"

मोहक पचीसिया

परिचय

मोहक पचीसिया पूर्णकालिक ट्रेडर और तकनीकी ट्रेडिंग प्रशिक्षक हैं। वे चार्टर्ड फाइनेंशियल एनेलिस्ट लेवल-3 के अभ्यार्थी हैं और मार्केट्स टेक्नीशियन एसोसिएशन के प्रतिष्ठित चार्टर्ड मार्केट टेक्नीशियन कोर्स के सभी स्तरों पर अर्हता प्राप्त हैं।

फिलहाल यह अपने लिए ट्रेड करते हैं और अपनी धन प्रबंधन सेवाएँ ग्राहक फर्मों को भी देते हैं। यह भारत के बहुत से शहरों में लोगों को ए-क्लास टेक्निकल ट्रेडर बनने का प्रशिक्षण दे रहे हैं। इसके अलावा, वह सेंट जेवियर कॉलेज, कोलकाता में नेशनल स्टॉक एक्सचेंज द्वारा चालित एक कार्यक्रम में अपने विषय पर व्याख्यान देनेवाले अतिथि शिक्षक भी हैं। वह उन थोड़े से लोगों में से हैं, जो लोगों को ट्रेडिंग मार्केट्स का मनोविज्ञान सिखाते हैं, क्योंकि उनका मानना है कि यही वह चीज है, जिसमें ट्रेडिंग बाजारों की मूल समझ मौजूद है।

वे जिस धन के निरंतर आते रहने पर विश्वास करते हैं, उसके अलावा उनके पास नौ साल का लंबा अनुभव भी है। तकनीकी साधनों और इलियट वेव सिद्धांत के उपयोग में उनके दृढ़ विश्वास ने उनके छात्रों के आमूलचूल परिवर्तन की बहुत सी कहानियों का निर्माण किया है।

आपने ट्रेडिंग की शुरुआत कैसे की?

मैंने ट्रेडिंग की शुरुआत अपना स्कूल समाप्त करने के ठीक बाद से की। उस समय मैं काफी छोटा था, जब मैं अपने पिताजी को ग्राफ पेपर पर हाथ से भाव चार्ट बनाते देखता था। तभी से मैं जानता था कि मुझे ज्ञान के इस रचनात्मक और

"ट्रेडिंग में सफलता की कुंजी भावात्मक अनुशासन है। यदि बुद्धिमानी ही इसकी कुंजी होती तो ऐसे लोगों की संख्या काफी अधिक होती, जो ट्रेडिंग से पैसा कमा रहे होतें˙˙ लोगों के वित्तीय बाजारों में धन हानि का इकलौता और सबसे बड़ा कारण यह है कि वे कम पर मुनाफा नहीं काटते।"

—विक्टर स्पेरैंडियो

लाभदायक क्षेत्र को खोजना होगा।

मैंने तभी से इन्हें पढ़ना और प्रयोग करना आरंभ कर दिया। मुझे बाजार का साथ पसंद है और मुझे इन्हें बस, दिन भर देखते रहना अच्छा लगता है। मेरा यह जुनून कभी समाप्त नहीं होने वाला। जोखिम लेना और बड़ा सोचना हमेशा से मेरे व्यक्तित्व का हिस्सा रहा है। इसलिए मुझे अपने ज्ञान का उपयोग करने में कभी कोई परेशानी नहीं होती।

आप किन बाजारों में ट्रेड करते हैं और आपकी ट्रेडिंग शैली क्या है?

मैं भारतीय इक्विटी, मुद्रा और कमोडिटी मार्केट में ट्रेड करता हूँ। मैं खबरों की अधिक परवाह नहीं करता। कई बार खबर सुनने पर मैं एक कदम रुककर देखता हूँ कि भाव इस संबंध में कैसी प्रतिक्रिया दे रहे हैं? मेरे लिए क्रय और विक्रय से ही बाजार को सक्रिय रखता है।

विभिन्न बाजार स्थितियों में भिन्न तकनीकी साधन उपयोगी व संभावनापूर्ण सिद्ध होते हैं। मैं लगातार बदलाव करता रहता हूँ और ट्रेंड अनुसरण करता हूँ या मीन रिवर्सन ट्रेड करता हूँ। मेरी कुंजी अधिकांशतः कई तकनीकी साधनों का मिश्रण होती है। मेरा दृढ़ विश्वास है कि व्यक्ति को ज्यादातर मामलों में रुख के अनुसार ट्रेड करना चाहिए तथा ट्रेड की समयावधि को पहचानना चाहिए। बड़े ट्रेड तब आते हैं, जब अभिसरण कारक मौजूद हों।

दुनिया की नब्ज पर नजर बनाए रखना कोई आसान काम नहीं है। एक पूर्णकालिक ट्रेडर को अपने काम को धन प्रबंधक की तरह देखना चाहिए और ट्रेडिंग को अपने काम का बस, एक हिस्सा मानना चाहिए। बिना जोखिम प्रबंधन के यह बहुत आसान होता है कि व्यक्ति जोखिम को नजरअंदाज करने के कारण चीजों के रचनात्मक प्रवाह में बह जाए।

मेरा मानना है कि बाजार की हर चाल विशिष्ट है। इसलिए व्यक्ति को प्रत्येक ट्रेड की वैयक्तिकता को स्वीकार करना चाहिए। प्रत्येक चार्ट पारस्परिक रूप से विशिष्ट है और ऐसा ही सभी प्रारूपों के साथ है। इस प्रक्रिया में, अपने को किसी खास शैली में आबद्ध करने को मैं घातक विचार-प्रक्रिया मानता हूँ। निश्चित ही पैटर्न अपने आपको दोहराते हैं, लेकिन निश्चित ही एक ट्रेडिंग शैली छह महीने तक भी वैध रह सकती है। अगले छह माह में यह पैसा फिर से वापस दिलवा सकती है।

मैं कह सकता हूँ कि मेरी शैली समय के साथ चलने की है और समय के साथ उसी प्रक्रिया को दोहराने की है।

बतौर ट्रेडर, विकसित होने में आप पर सबसे अधिक प्रभाव किसका पड़ा?

- **विभिन्न स्रोतों से ज्ञान :** मेरा सौभाग्य रहा कि मुझे विभिन्न स्रोतों से बहुत तरह का ज्ञान मिला। हर चीज का अवलोकन और ज्ञान की भूख एवं जिज्ञासा मेरी शक्ति रही है। मैं एक फर्म में काम किया करता था और अपने पर्यवेक्षण को 100 से भी अधिक ट्रेडर्स को बताता और उन सभी से सीखता, जिनसे मैं मिला करता था। मैंने जिन ट्रेडर्स को मित्र बनाया था, वे मेरे साधन बने। मेरा अपने पर एवं अपनी आध्यात्मिकता पर किया काम भी खेल-परिवर्तक साबित हुआ। यहाँ भी मैंने पुस्तकों व लोगों से ज्ञान हासिल और आत्मसात् किया। कुल मिलाकर कहूँ तो समझना और उन्हें पृथक् करना एक आवर्ती विषय-वस्तु रही। पाठकों को मेरी यही सलाह है कि वह जितना संभव हो, उतना ज्ञान हासिल करें, फिर चाहे वह कहानियों, साथी ट्रेडर्स, औपचारिक शिक्षा या कहीं से भी क्यों न प्राप्त हो।
- **विफलता से समझौता :** मैंने कम पूँजी से शुरुआत की और ऑप्शंस में ट्रेड किया। मैंने इससे बहुत सा पैसा कमाया और बहुत बार गँवाया भी। विफलताओं के बीच भी निश्चित दृष्टिकोण के साथ काम करते रहने का मुझ पर सबसे बड़ा और सबसे महत्त्वपूर्ण प्रभाव पड़ा। जब आप विफलताओं से डरना बंद कर देते हैं तो जादू हो जाता है। एक नुकसान होते ट्रेड या एक के बाद एक लगातार को सहने की क्षमता ट्रेडर की निर्धारक विशेषता होती है। यदि विशेष रूप से कहूँ तो मेरी विफलताओं का कारण बड़ा पोजीशन आकार से हुआ। मैं अपनी विफलताओं पर शर्मिंदा होने की जगह उनसे विनम्रतापूर्वक सीखता हूँ और अपना काम करता रहता हूँ। हर किसी को ऐसे समय से गुजरना पड़ता है। मैं जितने भी अद्भुत ट्रेडर्स को जानता हूँ, वे सभी विफलताओं से गुजरे हैं। मैं फिर से अपना जोखिम प्रबंधन करने लगता हूँ—बिलकुल वैसे, जैसे पहली बार ट्रेड करते समय किया था, और बाजार तथा ट्रेडिंग को इस नए आलोक में समझने लगता हूँ। मुझे लगता है कि विफलताएँ विकास का अनिवार्य हिस्सा हैं। जो लोग अपनी सीमाओं से आगे बढ़ सकते हैं, केवल उन्हीं में

"यह ताकत आपके हाथ है कि बाजार के प्रति आप कैसी प्रतिक्रिया देते हैं"

—युआन बयाजी

प्रतिरोधों का सामना करने का साहस होता है—और आखिरकार वे इनसे पार पा जाते हैं। व्यक्ति को वह विषय-निष्ठता विकसित करनी होती है, जिससे वह अपने आपको उन सबके बीच सँभाल सके, जो बाजार के मौसम से प्रवाहित होता है और ट्रेडिंग के मोड़ों से सबक सीख सके।

Ṭ **तकनीकी विश्लेषण की जानकारी :** यह अब तक का सबसे असामयिक प्रभाव रहा। वह पहला कारण, जिसके लिए मैंने ट्रेडिंग की शुरुआत की। बीते वर्षों में मैंने दुनिया के सबसे बेहतरीन लेखकों व शिक्षकों से सीखा है और इस निष्कर्ष पर पहुँचा हूँ कि सोशल मीडिया और इंटरनेट पर इस विषय से संबंधित बहुत से पहलू सरासर नकली हैं। इस विषय के वास्तविक सार खो गए हैं। लेकिन यह इस पर निर्भर करता है कि आपके लिए क्या काम कर रहा है? मैंने अपने लिए जिसे काम करते देखा है, वह है साधनों और जिन विचारों का मैं उपयोग करता हूँ, उसके प्रति स्पष्टता। मैं कोई भी सौदा करने के पूर्व अपने आकलन में विषयाधारित संभावनाएँ निर्दिष्ट करने के लिए एड़ी-चोटी का जोर लगा देता हूँ। अकसर मैं अचानक कार्य करता हूँ, लेकिन इसके पीछे की गहराई को कई बार जाँचा गया है। विशेषत: इलियट वेव सिद्धांत मेरे लिए जीवन बदलनेवाला साबित हुआ। लेकिन सिर्फ इसके भरोसे ट्रेडिंग करना मुश्किल है। मैं इससे आगे बढ़ चुका हूँ, और इसने तभी से मेरी ट्रेडिंग सटीकता में बड़े बदलाव को प्रतिबिंबित किया है।

अपने किसी सबसे सफल सौदे के बारे में बताएँ

मैं यह स्वीकार कर लेना चाहता हूँ कि कोई एक ट्रेड मेरे कौशल को परिभाषित नहीं कर सकता है और न ही यह अपनी तरह का इकलौता है। शायद किसी और अच्छे सौदे में कोई भिन्न सेटअप उपयोग हो। इस आलोक में, मेरे लिए एक अच्छा सौदा वह है, जिसमें प्रवेश सही हो तथा स्टॉप लॉस ऐसा हो, जो जोखिम की जगह पुरस्कार प्रदान करे। यह गति निम्न संवेग से अधिक संवेग के साथ आनी चाहिए। अभी पिछले हफ्ते मैंने एक ही दिन में दस बैगर ऑप्शंस खरीदे और बेचे। प्रत्येक

"जब मैं नुकसान में होता हूँ तो अपने ट्रेडिंग आकार को कम करता जाता हूँ। मेरी धन प्रबंधन तकनीक अत्यंत रूढ़िवादी है। मैं ऐसी किसी चीज पर जोखिम नहीं लेता, जो मेरे खाते की कुल धनराशि के बराबर हो, मेरी संपूर्ण धनराशि की बात तो छोड़ ही दीजिए।"

—रैंडी मैके

सौदे से बहुत अधिक प्राप्ति की आवश्यकता नहीं होती, बल्कि कुछ में नुकसान भी हो सकता है। हालाँकि इस साल मैंने जो सबसे बड़ा सौदा किया, वह शॉटर्स ऑन लुपिन था। प्रवेश व निकास भाग को चिह्नित किया गया है। फ्यूचर्स ट्रेड में यह लगभग 40 प्रतिशत है। इस साल लॉन्ग साइड के ऐसे बहुत से सौदे हो सकते हैं, जिन्होंने अच्छा प्रदर्शन किया। हालाँकि गति के परिमाण की बात करें तो यह फ्यूचर्स सेगमेंट की सबसे बड़ी गति है।

अपने किसी विफल सौदे के बारे में बताएँ

मेरा सबसे खराब सौदा वह था, जब मैंने अपने पहले फ्यूचर्स पोजीशन में इंडेक्स फ्यूचर्स लिया। मैं इतना पक्षपातपूर्ण था कि बाहर निकलने की कल्पना भी नहीं कर सकता था। यह पहली बार था, जब मैंने अपने स्टॉप लॉस के अनुसार नुकसान उठाया था। वह बहुत सदमा पहुँचाने वाला था। मैं अपने व्यवहार से खुद मात खा गया था, क्योंकि वह सौदा पूर्णत: रुख के विपरीत था। पोजीशन आकार की एक अपाच्य जोखिम प्रोफाइल और नुकसान का परिमाण मेरा सबसे बड़ा सबक बना। उस दिन मुझे एहसास हुआ कि इस खेल में भले ही आपका पूँजी आकार कितना भी बड़ा हो, आपको आलस्य दिखाने की अनुमति नहीं होती।

आप अभी शुरुआत करनेवाले ट्रेडर्स को क्या सलाह देंगे?

मैं अभी शुरुआत करनेवालों से कहना चाहूँगा, अपने दिमाग को प्रशिक्षित कीजिए कि वह आप में भरोसा कर सके। बाजारों का पर्यवेक्षण करें और जानें कि कौन सी अस्थिरता या पद्धति आपको सबसे अच्छी लग रही है? जब हालात सख्त होंगे तो कौन सी चीज आपको प्रेरित करेगी? मुझे तकनीकी विश्लेषण से सहारा मिला, क्योंकि मुझमें इसके प्रति जुनून था।

मैं अपने छात्रों को आरंभ करते समय बहुत से सुझाव देता हूँ; लेकिन जहाँ तक ट्रेडिंग के लिए आम आदमी की सोच की बात है तो बाजारों को देखें, वास्तविक रहें और अपने दृष्टिकोण का निर्माण करना सीखें। ट्रेडिंग से संबंधित भावनाओं के प्रति तटस्थ रहें। बाजारों का बहुत अच्छी तरह अध्ययन करें। जब आप ट्रेडिंग आरंभ करते हैं, आपका होमवर्क प्रमुख कार्य है। अच्छी तरह तैयारी करें तथा शून्य जोखिम की सहजता को त्यागने के लिए तैयार रहें। आगे बढ़ने के लिए आपको

"विफल होने का यह मतलब नहीं कि आप असफल व्यक्ति हैं; लेकिन यदि आप अपने को असफल कहेंगे तो और कोई भी आपका मन नहीं बदल सकता।"

इसे छोड़ना ही होगा।

व्यक्ति को बाजार के चरणों में बदलाव के बीच से गुजरना होगा और अपने खुद के विचार पैटर्न के बारे में बहुत कुछ सीखना होगा। मेरे कुछ दोहराववाले निश्चित पैटर्न हैं और किसी अन्य के कुछ और हो सकते हैं। यह आत्म-जागरूकता के माध्यम से होता है और हम इस प्रक्रिया को समझते हैं। जितना संभव हो, उतना अधिक सीखें। 95 प्रतिशत ट्रेडर्स पैसा गँवाते हैं। इसलिए भले ही आप औसत से बेहतर क्यों न हों, फिर भी आप पैसे गँवा सकते हैं। अपने को उबारने के लिए व्यक्ति में आत्म-विश्वास होना आवश्यक है। आत्म-संशय की महामारी का शिकार न बनें। उस पर कभी विश्वास न करें, जिसे लोग असंभव बताते हों। अपने ब्लाइंडर्स पहनें और एक बार में एक कदम उठाएँ।

स्क्रीन से कुछ एक मिनट का ब्रेक लेते रहें। एक आदर्श स्क्रीन टाइम विकसित करें। आप इसे बेहतर ढंग से तभी समझ सकेंगे, जब आपका सिद्धांत उपयोग की कसौटी पर कसा जाएगा। बीच-बीच में ब्रेक लेकर जीवन के उन रसों का भी आनंद लेते रहें, जो आर्थिक रूप में नहीं होते।

अंत में, कई घंटों बिना किसी परिणाम के बड़ी तसवीर पर कायम रहते हुए काम करने के लिए तैयार रहें। यह तेज दौड़ नहीं, बल्कि मैराथन दौड़ है। अपना मार्ग स्वयं बनाएँ। इस विषय पर बहुत सी पुस्तकें मौजूद हैं। मैं नहीं कह सकता कि इनमें से आपके लिए सर्वाधिक उचित कौन सी रहेगी; लेकिन आपको इन सबको—जितनी हो सके, उतनी पुस्तकें अवश्य पढ़नी चाहिए, और सिर्फ एक लिखनी चाहिए, आपकी अपनी पुस्तक। यदि आप अंतर्बोध के प्रति खुले और इसे आत्मसात्, पृथक् एवं समावेशित करनेवाले तथा ज्ञान व अनुभव को संभावनाओं के आलोक में देखने वाले हैं तो निश्चित ही यह कॅरियर कड़ी मेहनत करने योग्य है।

आपने ट्रेडर्स को वो कौन सी बड़ी गलती करते देखा है, जिसे आसानी से सुधारा जा सकता है?

अगर ये आसानी से सुधारी जा सकती हैं तो ये बड़ी गलतियाँ नहीं हैं। फिर भी, मेरे मन में ऐसी दो गलतियाँ हैं।

पहली भावनाओं का समूह और आपकी मनोवृत्ति है, जो आपको बाजार में

"इसे वास्तव में स्वीकार कर लेना कि बाजार में सफलता के मार्ग पर आपको नुकसान भी उठाने होंगे, उस समय के कष्टों को कम कर देगा, जब ऐसा सचमुच होगा।"

—युआन बयाजी

लाई है; क्योंकि ये अकसर भ्रांतिपूर्ण होती हैं। स्क्रीन को देखकर काम करनेवाले अपने दिमाग को ट्रेडिंग प्रक्रिया का व्यवहार मानने को स्वीकारना एक समाधान है।

दूसरी, प्रत्येक ट्रेड संभावित उद्यम है—लोग यह समझ नहीं पाते। धीमी सोचवाले यह कभी नहीं समझ पाते कि यह संभावनाओं की बात है। इसका समाधान बेहद आसान है। व्यक्ति को अपनी सीमा को इतनी अच्छी तरह समझना चाहिए कि वह इसमें से उत्पन्न होनेवाला लचीलापन विकसित कर सके। उदाहरण के लिए, हाल ही में मैं एक शेयर में सचमुच तेजड़िया था। मैं अपनी सीमा जानता था और इसने मेरी परेशानियों को मेरे अनुकूल कर दिया। अतः मुझे जैसे ही विक्रय का विचार आया, मैंने इसे दोहरा शॉर्ट कर लिया। इसके परिणामस्वरूप मेरे विक्रय, अर्थात् उसी सीमा का दूसरा परिणाम, काफी अलग तरह से हुआ।

ट्रेडर्स के पढ़ने के लिए कुछ पुस्तकें बताएँ?

ट्रेडिंग इन द जोन—ले. मार्क डगलस

द आर्ट ऑफ थिंकिंग क्लीयरली—ले. रॉल्फ डोबेली (यह बाजार से संबंधित नहीं है, लेकिन आपकी सोच स्वतंत्र करने के प्रशिक्षण हेतु उपयोगी है)

मार्केट विजाड्‌र्स—ले. जैक श्वेजर

अच्छी तकनीकी विश्लेषण पुस्तकें, जितनी भी आपके हाथ लग सकें, शुरुआत जॉन मर्फी की लिखी पुस्तकों से करें।

"एक निपट मूर्ख वह होता है, जो हर समय हर कहीं गलत ही किया करता है; लेकिन एक वॉल स्ट्रीट मूर्ख होता है, जो सोचता है कि उसे हर समय ट्रेड करना चाहिए।"

—जेसी लिवरमोर